KB048162

# 고대철학의 시간이론

김태규 저

도서출판 한글

# 저자서문

우리 인간은 시간 속에서 삶을 영위하고 시간 속에서 모든 것을 이루어 나가는 시간적인 존재이다. 따라서 시간은 모든 인류의 정신발달의 초기에 탄생한 오랜 철학의 근본 문제이다. 시간을 철학적인 문제로 다루려 할 때 부딪치는 난점은 우선 시간의 존재여부에 관한 것이다.

'도대체 시간이란 무엇인가'라고 본질에 관해서 물으려면 먼저 시간은 존재하는 것이어야 하기 때문이다. 만약에 시간이 전혀 존재하지 않는 것이라면 시간에 관한 문제조차도 성립되지 않을 것이다. 시간이 존재한다면 그것은 어떻게 있는 것인가? 또 어떠한 것으로 있는가? 한 마디로 시간이란 무엇인가?

역사적으로 이러한 시간의 존재론적 문제를 포함한 시간의 본질에 관한 형이상학적 이해의 대표적인 사상가는 플라톤(Platon), 아리스토텔레스(Aristoteles), 플로티노스(Plotinos), 아우구스티누스(Augustinus)이다. 플라톤은 그의 작품 '티마이오스(Timaeus)'에서 시간의 생성과 본질에 대한 논의를 본격적으로 출발시켰으며, 아리스토텔레스는 자신의 자연학(Physica)4권 10-14장에서 시간의 이해를 물리학의 대상으로 다루어 시간을

'전과 후를 고려한 운동(運動)의 수(數)'라고 정의함으로써 객관적인 시간에 기초를 두고 있다.

플로티노스는 엔네아데스(Enneades)를 통해서 산재해 있는 다른 중요한 테마와는 달리 그 자신의 시간에 관한 견해를 '영원과 시간에 관한 논고'(Enneades제Ⅲ권 7장)에 집약하고 있다. 플로티노스는 아리스토텔레스의 시간의 정의를 비판함으로써 시간의 원천을 영혼으로 보고, 시간과 영혼의 불가분의 관계를 설정한다. 또한 이러한 네오플라톤이즘에게 많은 빚을 지고 있는 것이 아우구스티누스이다. 고대와 중세를 가름하는 양 시대의 전환점에서 삶을 영위했던 아우구스티누스는 '주체(主體)'에로의 전환을 통해서 시간을 내면화함으로써 또 다른 지평을 연다. 특별히 그의 시간에 관한 철학적 통찰력이 본격적으로 드러나 있는 곳은 고백록(Confessiones) 제11권에 나타난 그의 시간사색이다.

오늘날 시간문제를 그들 철학의 중심 테마로 삼고 있는 현대의 주목할 만한 철학자들은 의심할 나위 없이 바로 이 아우구스티누스의 시간사색으로부터 크게 시사 받고 있다. 그래서 훗설은 그 작품 '내적시간의식의 현상학(Vorlesungen zur Phanomenologie des inneren Zeitbewußtseins)'의 서문에서 아우구스티누스의 시간론을 다음과 같이 높이 평가하고 있다.

"아우구스티누스는 시간의 문제가 얼마나 난해한가를 예민하게 통감하고 있었던 사상가였다. 그는 이 문제를 해결하기 위해 거의 절망의 경지를 헤매었던 것이다. 오늘날에 있어서도 시간의 문제에 관심을 가지고 있는 사람은 꼭 그의 고백록 11권 13장에서 18장을 읽어보아야 한다. 아무리 지식을 자랑하는 현대사람이라 할지라도 시간 이해에 있어서는 그 문제와 씨름을 했던 이 위대한 사상가보다 더 깊이 있고 의미 심장한 발전을 하지 못했다."

따라서 아우구스티누스의 시간사상은 20세기의 주목할 만한 철학자들에게 직접, 간접으로 그 철학적 흥미를 자아낸다. 그것은 '형이상학적 전제들'로서 훗설의 '내면적 시간의식'의 토대가 되고 있다. 뿐만 아니라 하이덱거와 퐁티의 시간론으로 발전하는 사색의 원천을 이룬다. 그러므로 아우구스티누스의 고백록에 나타난 시간사색은 오늘날 시간의 문제를 철학의 중심테마로 삼고 있는 철학자들에게 다양한 영향을 주고 있고, 기본적인 직관을 제공한다.

우리는 이러한 위치 속에 들어 있는 아우구스티누스를 중심으로 고대철학의 시간론을 개략적으로 정돈하는 것이 가능하다. 왜냐하면 그는 '주체로서의 전환'을 통해서 고대 그리스인의 시간론과 구별되는 독특한 시간사색을 하고 있기 때문이다. 따라서 아우구스티누스의 이해를 위해서는 전 철학자들에게로 거슬러 올라가야 한다.

아우구스티누스의 독창성을 논하기 위해서 서양최초의 체계적인 시간분석이며 현대에 이르기까지 시간고찰의 기초를 제공해 주는 아리스토텔레스의 시간과 이것을 비판하고 있는 플로티노스의 시간을 다루지 않을 수 없을 것이다. 또한 플로티노스는 플라톤의 형이상학적인 시간정의를 그 출발로 하고 있는 것은 두말할 나위가 없는 사실이다.

아리스토텔레스는 일찍이 시간과 영혼의 밀접한 관계를 지적하고 있음에도 불구하고 그의 시간이론은 객관적인 시간에 기초를 두고 있다. 이것은 그가 시간의 본질을 외면상 자연학의 대상으로 다루고 있고, 내용면으로는 시간의 본질을 운동과의 관계 속에서 파악하려고 한 것을 보아도 알 수 있다.

그러므로 아리스토텔레스의 시간은 공간에 정초한, 훗설이 말하는 초재적인 시간임이 틀림없다. 바로 이러한 초재적인 시간을 의식 내재화한 가장 뚜렷한 철학자가 아우구스티누스이다. 시간을 내재화함으로써 다른 지평을 연 것이다.

그런데 이렇게 아리스토텔레스의 자연학의 영역으로부터 아우구스티누스의 의식내재화라는 인간학적 시간의 변형에 있어서 아주 중대한 역할을 행하고 있는 자가 플로티노스이다. 그는 영혼 밖에서는 시간이 파악되지 않고, 영혼 없이는 시간은 존재하지 않는다고 한다. 그러므로 아우구스티누스의 시간개념은 플로티노스의 이론, 더나아가서 플라톤의 이론과의 관계 속에서 그 위치를 명백히 하면서 세부적으로 연구되어야 할 것이다.

그렇다고 아리스토텔레스와 플라톤주의의 시간의 문제를 모두 다루겠다는 것은 아니다. 이들 속에는 시간에 관한 다양한 문제가 도사리고 있기 때문이다. 그래서 필자는 고백록 안에 나타난 아우구스티누스의 시간이론의 고유성을 밝히는 데 필요한 범위 내에서 고대철학의 시간논의를 분석할 것이다.

고대철학의 연속성 속에 들어 있는 아우구스티누스는 J. F.

Callahan이 '심리적'이라고 말하는 의식의 내재화라는 독특한 시간사색에 이른다. 그러나 그는 고대의 '향외(向外)'와 '향내(向內)'에 '향상(向上)'의 길을 덧붙인다. 다시 말해서 향상적인 시간에 더욱 적극적인 의미를 부여한다. 시간을 의식의 차원으로 환원함으로써 시간의식에 대한 분석에 이르나 여기에 머무르지 않고 '영원의 명상(瞑想, Cotemplation)'에로 상승한다는 것이다.

그에게 있어서 시간은 영원의 명상에로 고양되는 계기이기 때문이다. 이것은 지향적인 현재의 '정신의 분산(distentio)'에 의해서 '영원한 현재'에 이르는 상승적인 길이다. 그런데 만약 시간을 운동의 척도로 환원한다면 그것은 시간을 우연적인 속성에 한정시키는 것으로 인간의 영혼의 삶과 운명에 대한 시간의 영신적인(spirituel) 의미를 결여하게 될 것이다.

그러므로 아우구스티누스의 시간론은 영원(永遠)의 문제와 전적으로 분리되지 않는다. 단적으로 말해서 그의 시간은 영원에로의 참여를 위한 초대이기 때문이다.

따라서 본고에서는 아리스토텔레스와 플로티노스의 시간의 문제를 정리하면서 아우구스티누스의 고유한 시간의 본질을 분석하고, 더불어서 '시간과 영원'의 의미를 논할 것이다. 이러한 의도에서 본고를 다음과 같이 구성하고자 한다.

먼저 Ⅰ과 Ⅱ장에서는 아리스토텔레스와 플로티노스의 시간을 제한적으로 분석했다. 아리스토텔레스는 시간의 원심점을 현재에 두고 '지금'이라는 순간을 초점으로 시간에 대한 개념을 전개하고 있고, 이어서 플로티노스는 세계가 아니라 영혼의 본성 속

에서 시간의 참된 원천을 두고 있기에 각각 '시간과 지금'과 시간
과 영혼'이라는 제목하에 다루었다.

그 다음으로 Ⅲ장에서는 아우구스티누스의 시간분석을 '시간
과 현재'라는 용어로 종합하였다. 이 장에서는 고백록의 근본문
제인 '시간의 존재지각'과 '시간의 측정'의 문제를 다루면서 그의
선각자들에 대한 고유성을 드러내고자 하였다.

그러나 여기에 멈추지 않고 Ⅳ장을 '시간의 상승적(上昇的) 구
조'로 꾸몄다.

# 목차

**제 I 장 아리스토텔레스:시간과 '지금(to nun)'** ···················· 11

  1. 시간의 정의 ································································· 19

  2. 시간의 정의 안에서 '지금'의 구조와 역할 ····················· 30

    가. '지금'의 동일성과 이중성 ····································· 31

    나. 수의 단위 ··························································· 38

    다. 연속성과 분할성(한계로서의 '지금') ······················ 42

**제 II 장 플로티노스 : 시간과 영혼** ································· 51

  1. 아리스토텔레스적 시간정의의 비판 ···························· 61

    가. 시간과 운동의 척도 ············································· 62

    나. 시간의 전과 후 ··················································· 67

  2. 플로티노스의 시간 본질 ············································ 71

    가. 영원으로 부터의 시간유출 ···································· 71

    나. 시간과 영혼의 삶 ················································ 76

  3. 플로티노스에 있어서 정신의 구조 ······························ 80

    가. 신적인 정신의 본성 ············································· 80

    나. 정신의 현실태로서의 삶(zoe) ······························· 95

    다. 정신적인 것의 현실태로서의 삶 ···························· 102

  4. 플로티노스에 있어서 영원의 비시간성 ························ 111

    가. 파르메니데스 단편 8,5 ········································ 113

　　나. 플라톤: 타마이오스 37c6-38c3 ·················· 116
　　다. 플로티노스:엔네아데스Ⅲ 7,2-6 ··············· 123

**제Ⅲ장 아우구스티누스 : 시간과 현재** ······················ 137

　1. 아우구스티누스의 행복론 ························· 139
　　가. 초철학적 체계 ······························· 140
　　나. 神으로 향하는 영혼의 여정 ················· 150
　2. 신적인 영원과 창조의 시간 ····················· 175
　3. 시간의 존재지각 ······························· 181
　　가. 시간의 존재에 대한 아포리아 ················ 181
　　나. 시간의 세 가지 존재양상 ···················· 189
　4. 시간의 측정 ································· 197
　　가. 시간과 물체의 운동 ························ 197
　　나. 시간과 인간의 영혼 ························ 204
　5. 아우구스티누스와 그 선각자들 ················ 221
　　가. 아리스토텔레스 시간과의 차이점 ············ 222
　　나. 플로티노스 시간과의 상관성 ················ 230

**제Ⅳ장 시간의 상승적 구조** ························· 233

　1. 현재의 이중성 ······························· 236
　2. 현재와 영원한 현재 ·························· 239
　　가. 아우구스티누스의 회심 ···················· 240
　　나. Ostia의 엑스타시스 ····················· 242

**참고문헌** ························· **253**

# 제 I 장
# 아리스토텔레스:시간과 '지금(to nun)'

　　고대철학에 있어서 시간에 관한 논의는 하나의 지속적인 전통을 이룬다. 고대의 텍스트들에 관한 일반적인 검토에서도 쉽사리 그 전통이 확고하고 굳건히 존속함을 발견할 수 있을 것이다. 그런데 이 전통 속에 들어있는 지배적인 철학자들은 플라톤, 아리스토텔레스, 플로티노스 그리고 아우구스티누스이다.

　　그런데 아우구스티누스의 시간논의는 플로티노스의 것과 많은 유사성을 가진다. 또한 이 플로티노스는 플라톤의 '시간과 영원의 개념'을 발전시키고자 하였고, 다음으로 아리스토텔레스의 논리전개를 거부하고자 한다. 그러므로 우리는 서양 최초의 체계적인 시간분석자라고 할 수 있는 아리스토텔레스의 시간의 정의에로 먼저 나아가야 할 것이다.

　　아리스토텔레스의 시간에 관한 논의는 거의 대부분 자연을 그 주된 테마로 하는 그의 자연학 제4권 10-14, 217b29-224a17에 한한다. 여기서 나타난 시간의 정의에는 De Tollenaere의 지적처럼 해석상의 커다란 난점이 있고 '신비한 정의'에 관한 주석가들의 다양한 설명으로 놀랄 만한 차이점과 혼동이 도사리고 있다. 하지만 그 '다양한 해석'에도 불구하고 아리스토텔레스의 시간에 관한 논의는 현대에 이르기까지 시간고찰의 기초를 제공해주고 있다. 단지 포괄적인 주석이 존재치 않는다는 사실이 중요성을 감할 수 있다는 증거가 될 수 없을 것이다. 그것은 주석을 구축하는 데서 오는 어려움의 증거일 뿐이다.

아리스토텔레스는 자연학 제 Ⅳ권 10장의 서두에서 아포리아형태에 의하여 두 가지 기본적인 문제를 제기함으로써 시간에 관한 논의를 시작한다. 그 첫 번째는 '일상적인 논쟁(hoi exoterikoi logoi)'에 입각한 시간의 존재(217b31)에 관한 것이고, 두 번째는 독소그라피(Doxographie)에 의한 시간의 본질(217b32)에 관한 것이다.

아리스토텔레스는 먼저 인간의 공통적인 경험과 감각적 지각에서 발생한 의견들을 발전시키면서 시간의 존재에 대한 해명을 하고자 한다. 그 결과 "시간은 전혀 존재하지 않는 것이거나, 불완전하고 막연한 존재로서만 있는 것처럼 보인다"[1] 이러한 점을 아리스토텔레스는 인간정신이 시간의 경험을 설명하는데 자발적으로 요구되는 수단적인 요소들 즉 지속의 '부분'들과 지금-현재'에 의해 논증하고 있다. 아우구스티누스도 아주 비슷한 방법으로 시간을 논의하고 있다.

---

[1] Aristote, Physique, texte établi et traduit par H. Carteron(Paris : Les belles Lettres, 1983/86) Tome 2, 제 4권, 217b32.

먼저 시간의 흐름 속에서 시간의 부분들 가운데 하나는 과거이고, 다른 하나는 미래이다. 시간은 그 부분이 과거와 미래로 구성(composite)되어 있다. 그런데 과거는 있었던 것이며 이미 있지 않는 것이고, 미래는 있게 될 것이고, 아직 있지 않는 것이다. 시간의 흐름이 무한하든지 또는 어떤 한정된 기간 즉 1년, 하루든지 간에 이 두 부분으로 구성되어 있고 구성된 부분들은 있지 않는 것이다. 그렇다면 "있지 않는 부분들로 구성된 시간이 어떻게 존재에 참여할 수 있겠는가?"[2] 아리스토텔레스는 이와 같은 논쟁을 다른 형태로 전개한다. 만약 어떤 가분적인 사물이 존재한다면 그것의 부분들 즉 모두 또는 약간이 반드시 존재하게 될 것이다. 하지만 시간이 가분적인 (divisible)어떤 것이라 할지라도 그것의 부분들은 존재하지 않는다. 과거는 더 이상 없고 미래는 아직 있지 않은 것이기 때문이다.

이와 같이 시간이 가분적이라 할지라도 더욱 시간의 존재양태는 막연한 것으로 남는다. 이러한 시간의 패러독스는 시간, 그것이 존재한다 할지라도 적어도 그것이 모순적인 실재임을 보여주기에 충분하다. 더 나아가서 이렇게 시간의 부분들 즉 과거와 미래가 존재하지 않는다면 현재는 어떠한가? 우리는 의심 없이 과거와 미래와는 반대로 현재에 대해서 그것이 보

---

2) Physique 217b32–218a3.

다 실재적이라고 말할 수 있어야 할 것이다.

그러나 현재는 시간의 부분이 아니다. 과거와 미래의 한계인 이 현재는 실상 지금(l'instant)으로 귀착된다. 그래서 우리는 이것은 '지금-현재'이라고 한다. 그런데 이 '지금'은 시간의 부분이 아니다. 선이 점들로 구성되어 있지 않는 것처럼, 시간이 '지금'이라는 순간들로 구성되어 있지 않음을 아리스토텔레스는 확증 없이 인정하고(dokei) 있다. 그렇다면 '지금'의 실재성이 어떻게 시간의 실재성을 정초할 수 있겠는가?

아리스토텔레스는 여기에서 "과거와 미래를 구획하는 듯이 보이는 '지금'이라는 순간이 언제나 동일한 것으로 머무를 수 있는가, 아니면 끊임없이 다른 것인가?"[3]라는 난문을 제기한다. 만약 언제나 동일한 것이라면, 시간의 실재성은 '지금'이라는 순간의 영속성에 의해서 설명될 것이고, 끊임없이 다른 것이라면, 시간은 '지금'의 계승(succession) 이외 다른 것이 아닐 것이다.

사실상 이 두 질문 속에 시간의 존재에 관한 문제가 요약된다. 하지만 이 가능한 두 질문 즉 가정은 어느 것도 만족한 것으로 나타나지 않는다. 시간의 실재성에 가까이 가는 것으로 보여지는 '지금'이라는 순간도 그 모순적인 본질을 가짐으로써 우리가 시간이 존재하는지 그렇지 않은지 결정할 수가 없다는 것이

---

3) Physique, 218a6.

다. 단적으로 말해서 시간의 존재문제는 풀 수 없는 한계에 이르러 해결하지 못한 것으로 드러나면서 아포리아에 이른다.

먼저 '지금'이라는 순간이 끊임없이 다른 것인가? 라는 가정을 살펴보자. 만약 '지금'이라는 순간이 항상 다른 것이라면, 그것들은 상호간에 공존하지 못한다. 앞선 지금은 현 지금에 의해서 마땅히 소멸될 것이다. 그러나 '지금'이라는 순간은 그 자체 안에서 소멸될 수 없고, 다른 지금 안에서도 더욱 소멸될 수 없다.

시간은 선처럼 지속되고, 선이 점들의 무한성을 내포하는 것처럼 시간도 '지금'이라는 순간들의 무한성을 내포한다. 하지만 선 안에 공존하는 점들과는 달리 시간 안에서의 '지금'이라는 순간들은 계속해서 일어나 새로운 '지금'이 앞선 '지금'을 지속적으로 대체(substituion)하는 것을 전제하고 있다. 그런데 '지금'이라는 순간이 소멸되어 버린다면, 언제 그런 대체가 일어날 수 있겠는가?

결과적으로 이 가정으로서는 지속하는 시간들과 무한수의 '지금'이라는 순간들에 있어서 nunc의 통로와 '지금'이라는 순간들의 대체이유를 설명하기가 불가능하다. 어쨌든 이런 어려움은 '지금'이라는 순간이 항상 다른 것이라는 가정이 부딪치는 피할 수 없는 것이다. 그렇다면 반대로 '지금'이라는 순간이 언제나 동일한 것인가 하는 두 번째 가정은 어떠한가?

이것도 첫 번째 것과 마찬가지로 불가능한 것으로 판명된
다. 이 가정에서는 모든 것이 동시적이게 되어 시간의 흐름이
부정되게 된다. 앞선 것과 뒤의 것의 구별이 이곳에서는 더 이
상 존재치 않게 된다. 그래서 "만 년 전에 생긴 일이나 오늘날
에 일어난 것이 동시에 공존할 것이다. 그리고 어떤 전후란 더
이상 없을 것이다."4)

이와 같이 아리스토텔레스는 언제나 동일하지도 않고 항상
끊임없이 다른 것이지도 않는다는 '지금'이라는 순간의 모순적
인 성격을 보여줌으로써 시간의 실재성에 문제를 제기한다.
J. Moreau는 이러한 변증법적 논의를 '지금의 아포리아'라고
부른다. 그는 이런 논의가 시간의 존재문제를 뚜렷하게 한 것
은 사실이지만 시간의 실재성을 해명하지 못했다고 보고 있
다. 그래서 그는 아리스토텔레스가 존재와 비존재 가운데 시
간은 어디에 위치하고 있는가 라는 본래적 형이상학적 문제를
대부분 회피하고 있다고 논한다. 단지 수학적인 표상의 시간
에만 주력했다고 주장한다.

그러나 플라톤 등에 의해서 시간이 선천적인 조건으로서 파
악되었으므로 아리스토텔레스는 추상적인 시간, 정신적인 표
상, 운동의 순수 척도에 이르게 되었을 것이다. 달리 말하면
존재론적 문제를 인식론적인 형식의 반성으로 대치했다고 할

---

4) Physique, 218a26-29.

수 있을 것이다. 아리스토텔레스는 폴로티노스와는 달리 왜 운동이 존재하는가 라든가, 왜 영원과 달리 시간이 존재하는가 라는 문제를 추구하지 않고, 또한 그가 시간의 존재에 관해서 물을 때 '비존재와 존재에 대해서 시간이 어디에 위치하는가'라고 직접적으로 요구하지도 않는다.

그러므로 아리스토텔레스에 있어서 시간은 운동으로서의 사실의 실재일 따름이다. 따라서 시간의 본질을 정의하기 위해서 시간의 존재문제를 너무 빨리 포기해 버렸다는 J. Moreau의 지적은 문제성을 안고 있다고 생각한다.

아리스토텔레스는 이미 지적한 바와 같이 시간존재의 문제를 검토한 후, 그가 제시한 순서에 따라서 시간이란 무엇인가라는 시간의 본질에 관한 문제를 제기한다. 이 시간의 본질에 관한 물음에 답하기 위해서 아리스토텔레스는 전철학자들에 의해서 제안된 또는 암암리에 인정되고 있는 정의들의 검토부터 시작한다.

이런 변증법적 토론은 아리스토텔레스 자신의 학문적인 해결점을 도출하기 위한 방법적 단계이다. 전철학자들의 시간정의들은 크게 두 가지 개념으로 나누어진다. 그 첫 번째는 시간이 우주의 천체라는 것이다. 우주의 천체와 시간이 동일하다고 보는 이 고대의 정의는 피타고라스에게까지 거슬러 올라간다. 시간이 '모두'를 내포한다면 이 '모두'는 시간 속에 있다. 마찬가지로 이 '모두'는 또한 우주의 '천체 안에'있다. 그러므로 시간이 천체 자체와 동일하다는 것이다.

이러한 설명에 대해 아리스토텔레스는 그 불가능성을 검토하기에는 너무 단순한 이론이라고 한다. 두 번째는 시간이 우주의 운동(kinesis)이라는 것이다. 시간과 우주의 운동을 동일시하는 것은 시간에 대한 중요한 정의이다. 이 정의는 아리스토텔레스의 고전적인 해석가에 따르면 플라톤의 티마이오스(39cd)에서 제시된 것으로 천상의 주기에 의해서 시간을 측정하는 플라톤적 설명으로부터 온 것이다. 플라톤을 시간의 흐름이 천상의 주기에 의해서 규칙적으로 순환된다고 설명한다. 그러므로 그는 시간은 천상의 위성들의 주기적인 회전에 상응한다고 규정한다. 하루는 고정된 별들의 주기에, 한 달은 달의 주기에, 일년은 태양의 주기에 상응한다. 마찬가지로 이 별, 달, 태양과 같은 것 이외의 다른 위성의 주기에 따라서도 시간이 결정된다. 말하자면 각 위성의 공전의 주기가 하나의 시간을 갖는다는 것이다.

플라톤의 이러한 입장으로부터 시간과 우주의 운동을 동일시하는 해석이 발생한 것이다. 아리스토텔레스는 이러한 해석은 시간과 시간의 단위를 혼동하고 있다고 보고 있다. 시간척도의 조건이 되는 주기적인 운동과 혼동하고 있다는 것이다. 시간과 우주의 운동은 본질적으로 동일시될 수 없는 것이다.

만약 천상의 공전이 한 시간임을 인정한다 해보자. 이런 관점
에는 천상의 공전의 한 부분이 한 시간이라는 시간의 기간이
될 것이다.

그러나 이 시간은 더 이상 공전 즉 주기가 아니다. 왜냐하면
공전의 한 부분이 시간일지라도 시간은 공전이 아니기 때문이
다. 따라서 시간과 천상의 공전과를 동일시하는 것은 시간의
지속성과 시간을 측정하는 단위 수를 구별하지 않는데 있는
것이다. 이에 이어서 아리스토텔레스는 말하기를 "몇 개의 우
주가 있다면 시간은 우주의 각각의 운동에 동일하게 있을 것
이다. 그래서 결국 동시적으로 많은 시간들이 있게 될 것이
다."5)라고 한다.

그러므로 시간은 우주의 운동이 될 수 없는 것이다. 이와 같
이 앞선 철학자들의 시간에 관한 정의들은 불완전한 것이다.
그러나 아리스토텔레스는 그것들을 자신의 고유한 학문적인
해결점을 밝히기 위한 수단으로 평가한다.

## 1. 시간의 정의

아리스토텔레스는 선각자들의 시간에 관한 정의형식 즉 우
주의 천체라든가, 우주의 운동이라는 관점을 검토한 후에, 가

---

5) Physique, 218b4-5.

장 공통적이고 자명한 경험에 이르러 그 시간의 진상을 논한
다. 그 경험이란 "시간은 무엇보다 어떤 종류의 운동과 변화
(metabole)로서 나타난다."6)는 것이다. 이것을 아리스토텔
레스는 검토해야만 하는 첫 번째 소여라고 말한다. 그는 그의
반성의 출발점으로서 공통적인 경험의 소여를 취한 것이다.
하지만 시간과 운동은 동일한 실재일 수 없다. 이것을 그는 두
가지로 설명하고 있다.

그 첫째로 운동과 변화는 단지 움직이는 것 또는 변화하는
실재 속에만 존재하는 것이다. 그러나 시간은 도처에 있고, 모
든 것에 동질적인 것이다. 다르게 말하면 운동과 변화는 개별
적으로 움직이는 것에 고유하지만, 시간은 모든 운동에 공통
적인 실재이다. 고로 시간과 운동은 같은 것이 아니다.

두 번째로 모든 개별적인 운동은 더 느리거나 혹은 빠르다.
이에 반하여 시간은 그렇지 않다. 왜냐하면 느림이나 빠름은
시간에 따라서 정의되기 때문이다. 무릇 빠르다함은 짧은 시
간에 많이 움직이는 것이고, 느리다 함은 긴 시간에 조금 움직
이는 것을 말한다. 그러므로 시간은 운동이 아니라는 것이 여
기서 확실해진다.

이러한 논의를 정리한다면, 첫 번째 논쟁은 모든 개별적인
운동은 움직이는 것의 특성이라는 것이고, 두 번째는 모든 개

---

6) Physique, 218b9.

별적인 운동은 고유한 척도를 가지나, 시간은 고유한 속도를 가질 수 없는 것이라는 것이다. 시간은 바로 속도의 표준인 것이다. 그러므로 시간은 고유한 척도를 가지지 않는 것이고, 속도에 의해서 특징 지워지지 않는 시간은 운동일 수가 없는 것이다. 이와 같이 아리스토텔레스는 시간이 운동일반이라는 공통적인 견해를 검토하고 거절한다.

이렇게 자기보다 먼저인 사람들을 조명하고 비판하는 관례는 하나의 전통을 이룬다. 그래서 플로티노스도 아리스토텔레스의 시간의 설명을 엄격하게 반대하고 있지만, 아리스토텔레스가 행한 그 선각자들에 대한 비판을 이용한다. 그리고 아우구스티누스도 역시 이런 관례의 약간을 효과적으로 사용하고 있다.

이와 같이 시간의 본질에 대한 논의의 결과, 시간은 운동 또는 변화와 일치되는 것이 아니다. 그러나 즉시 아리스토텔레스는 "시간은 변화 없이는 존재하지 않는다."7)라고 덧붙인다. 우리는 이 테제를 시간에 관한 존재긍정으로 보아야 하는가. 하지만 그런 긍정은 확실히 시기상조이다. 그런 해석은 아리스토텔레스에 의해서 제공된 다음 설명에 의해서 지양된다. 그는 말하기를 "실상 우리가 우리의 사고 안에서 변화를 감지하지 못할 때 또는 우리가 그런 변화를 의식하지 못할 때, 우리에게 시간이 경과한 것 같이 보이지 않는다."8)라고 한다.

---

7) Physique, 218b21.
8) Physique, 218b21-22.

그러므로 아리스토텔레스의 이 형식은 순수 심리적이다. 말하자면 시간은 변화 없이 지각될 수 없다는 것이다. 그래서 시간의 지각은 변화의 지각을 전제한다. 변화의 자각 밖에서는 시간의 경험이 불가능하다는 것이다. 여기서 아리스토텔레스는 Sardes에서의 잠자는 사람들의 우화를 참고로 한다. 이들이 깨었을 때 시간이 경과했다는 감각을 가지지 못한다. 그 이유는 그들이 잠들기 전의 순간과 그들이 깨어났을 때 즉 후의 순간을 묶어서, 무의식으로 인하여 이 양자를 분리하는 간격을 지워버림으로써, 이 두 순간을 하나로 만든 데 있다. 그러므로 위 테제의 형식은 심리적 의미로 이해해야만 한다.

이러한 것은 더욱 시간의 지각은 변화의 지각을 전제하고 있다는 다음 고찰로부터 뒷받침된다. "만약 우리가 시간의 흐름에 대한 의식을 가지지 못한다면 이것은 우리가 전혀 변화를 규정하지 않을 때이고, 또 우리 의식이 정체상태로 우리에게 머무르는 것처럼 나타날 때이다. 그러나 반대로 느끼고 규정함으로써 우리는 시간의 흐름을 말한다. 우리가 시간을 지각하는 것은 운동을 지각함으로써이다. 그 까닭은 우리가 어둠 속에 있을 때에, 그리고 물체를 통해서 아무런 감득을 받지 아니할 때에도, 영혼 속에 한 운동이 일어난다면 우리는 즉시 어떤 시간이 경과하였음을 느끼는 것처럼 보인다. 반대로 어떤 시간이 경험한 듯이 보일 때에는 동시에 또한 어떤 운동이 일어날 듯이 보인다"9).

그러므로 변화의 지각은 시간의 지각의 필요조건일 뿐만 아니라 충분 조건이다. 양자는 함께 주어진 것이고 상호 포함되는 것이다. 이와 같은 인식론적 숙고로 구상되는 심리적 태도로부터 아리스토텔레스는 자기의 시간정의를 이끌어낸 것이다. 그래서 '시간은 운동과 변화와 동일한 것은 아니다. 그러나 시간은 변화 없이는 존재하지 않는다'라고 한 것이다. 그러므로 시간의 본질을 정의하기를 원한다면, 필연적으로 운동의 숙고로부터 출발해야만 한다. 시간의 개념은 그 요지를 운동의 개념으로부터 끄집어 내야한다. 다시 말해서 시간이 운동의 어떤 요소 또는 양상으로 구성되는가를 물어야한다. 결과적으로 "시간은 운동은 아니지만, 운동의 어떤. 것이다."10)

이제 시간이 어떤 모습으로든지 운동과 관계되어 있음이 논증되었다. 그래서 아리스토텔레스는 '시간은 운동의 어떤 요소인가?'라는 물음에서 이 관계에 대한 세밀한 분석으로 나아간다. 시간의 지각은 운동의 지각을 전제한다. 이것은 바로 시간의 정의를 탐구하는데 그 출발점으로 소용되는 심리적 고찰로서 시간의 표상이 당초에 운동의 표상 속에 포함된다는 것을 의미한다.

그러므로 우리는 운동의 객관적이고 서로 다른 표상을 검토

---

9) Physique, 219a4-6.
10) Physique, 218a8-10.

해야 한다. Sardes의 우화에서 나타나는 것처럼, 시간의 개
념은 '지금'이라는 순간의 다양성을 함축하고 있다. "만약 순간
의 다양성이 존재치 않고, 하나인 순간의 동일성만 있다면, 시
간은 존재하지 않을 것이다."[11] 다시 말해서 만약 이 다양성
이 눈에 띄지 않고 지나간다면, 우리는 더 이상 시간의 간격을
지각하지 못할 것이다. Sardes의 잠자는 사람들이 깨었을 때
의 순간과 그들이 잠들 때의 순간은 다른 것이다.

　그러나 그들은 두 순간을 무의식의 상태에서 구별되는 것으
로 파악하지 않고, 구분되지 않는 하나인 순간으로 구성한다.
이런 이유에서 그들이 깨었을 때 시간이 흘렀다는 감정을 가
지지 못한다. 그래서 시간의 지각은 실상 운동의 지각을 전제
한다. 다시 말하면 시간의 지각은 내재적인 조건으로서 서로
다른 순간의 지각 즉 순간의 분리로서 이루어지는 것이다. 그
런데 이 '지금'이라는 순간은 그 조건으로서 변화의 소여가 전
제되어야 한다.

　만약 지각할 어떤 변화도 없다면, 순간이 서로 다른 것으로
지각될 수 없을 것이다. 단적으로 말해서 시간의 표상은 '지금'
이라는 순간의 구별에 그 근거를 가진다. 그리고 이 순간의 구
별은 변화의 부재에서는 실행될 수 없는 것이다. 이러한 것이
내재적인 조건으로서 순간의 분별을 전제하고 있는 시간의 지

---

11) Physique, 219a2.

각이 변화의 경험 밖에서는 불가능한 이유이다.

그렇다면 시간은 운동의 어떤 요소인가? 시간은 운동과 동일한 것은 아니지만 운동의 어떤 것이므로, 시간의 본질과 운동의 본질이 관계되는 것을 들추어내는 것이 중요하다. 어떤 방법으로든 시간과 운동의 관계분석이 문제가 된다. 우선 시간은 그 연속성(continuité) 때문에 운동에 관련되는 것처럼 나타난다. 그러나 시간에 고유하게 속하는 지속적인 연속성의 양상이 무엇인가를 해명하는 것이 문제이다. 아리스토텔레스는 그것에 도달하기 위해서 운동의 연속성이 크기에 환원됨을 보여준다.

"만약 움직여지는 모든 것이 무엇에서 무엇으로 움직여지고, 모든 크기가 연속된다면 운동은 크기에 따른다. 왜냐하면 운동이 자체로 연속되는 것은 크기의 연속성에 의하기 때문이다. 그런데 시간의 연속성은 운동의 연속성에 의한다."12)

이렇게 시간적인 연속됨의 고유한 양상을 파악하기 위해서 아리스토텔레스는 운동을 크기에 환원시키고, 시간을 운동에 환원시킨다. 이 크기, 운동, 시간 사이에는 하나의 유비 내지 유사관계(analogie)가 있는 것이다. 이러한 점은 아리스토텔레스의 시간이론에서 본질적인 역할을 수행하는 것이다.

아무튼 그는 연속됨의 유비 관계 속에서 시간의 연속성과

---

12) Physique, 219a10.

운동의 연속성과 크기의 연속성사이에는 어떤 유사성 내지 상응점이 있다고 보고 있다. 아리스토텔레스는 이러한 접목을 근거로 해서 시간에서의 순간의 조건과 선 위에서 점의 조건 또는 운동 안에서의 움직여진 것의 조건을 비교한다.13)

　아리스토텔레스는 연속됨의 유비 관계에서 연속됨에 의해서 내포된 소여 즉 전과 후의 유비 관계로 먼저 나아간다. 이것은 시간의 본질 파악에 결정적인 역할을 한다. 그는 첫 번째로 크기 안에서 전, 후의 유비를 추구한다. "전과 후는 본래 장소 안에 있는 것이다." 그런데 전과 후의 관계가 크기 속에 있다면, 필연적으로 그 관계는 크기와의 유비에 의해서 운동 속에도 있을 것이다. 또한 이 관계는 시간 속에도 있다. 왜냐하면 시간과 운동은 언제나 일자가 타자에 따르기 때문이다. 그러나 "운동 속에 있는 전과 후는 기체로 말하자면 운동이외 다른 것이 아니고, 그것의 정의로 말하자면 운동이 아니다." 다시 말해서 운동 속에 전과 후는 그것이 기체(substrat)인 한에서 운동을 갖는다. 그러나 전과 후의 정의(essence)로서는 운동과 다르다는 것이다. 전과 후는 운동이 그 위에서 발생하는 크기의 부분들의 상태적인 위치로부터 발생하는 것이므로 운동과는 다른 것이다. 그래서 운동과 운동 안에서의 전과 후는 기체로서는 동일한 것이지만 다르게 정의되어야 한다.

---

13) Physique,219a12, 220a4-21.

여기서 우리의 당면한 문제가 있으니 "우리가 시간을 인식하는 것은 운동을 한정하였을 때이다." 그것은 한정을 위해서 전과 후를 이용함으로써이다. 그리고 또한 우리가 시간이 경과하였다고 말하는 것은 운동 속에서 전과 후의 감각을 할 때이다. 다시 말해서 우리는 운동 속에서 전과 후를 구별할 때 시간을 인식한다는 것이다. 다른 말로 한다면 시간은 운동의 연속됨 안에 앞과 뒤의 한정(determination)의 결과이다. 그렇다면 이 한정은 어떻게 발생되는가? 그것은 '지금'이라는 순간들의 양끝인 간격을 지각하는 것을 동시적으로 허락하는 전과 후라는 순간의 구별에 의해서이다.

"실상 우리가 지성에 의해서 그 끝들과 그 중간을 구별할 때에, 그리고 영혼(마음)이 밝히 말하기를 한편은 먼저이고 딴편은 나중인 두 순간들이 있다고 할 때에, 우리는 말하기를 거기에 시간이 있다."14)

그러므로 이 점에 이르러 아리스토텔레스가 구성하려고 하는 시간의 정의가 새로운 발전을 한다. 즉 시간은 '지금'이라는 순간에 의해서 한정되는 것처럼 보인다는 것이다. 그래서 이제 문제는 '지금'이라는 순간의 본질에 집중된다. 따라서 우리는 아리스토텔레스의 이론전개를 충실하게 따라가면서, 운동의 한정에 있어서 '지금'이라는 순간의 구조와 역할을 연구해

---

14) Physique, 219a27-29.

야할 것이다.

"우리는 '지금'이라는 순간을 유일한 것으로 느낄 때, 말하자면 '지금'이라는 순간에 관해서 '전 또는 후', '미래 또는 과거'를 한정하지 않을 때 시간이 경과하지 않는 것같이 보인다. 하지만 우리가 '지금'이라는 순간을 전의 끝과 후의 시작으로 지각한다면, 또는 '지금'이라는 순간 자체를 한 순간의 후 또는 전에 자리한 것으로 파악할 때, 우리는 전과 후를 의식할 것이고, 또는 시간이 경과했다고 말할 것이다."15)

정리한다면, 운동의 연속됨 속에서 '지금'이라는 순간의 파악이 전과 후의 규정을 허락할 때, 시간은 존재하는 것이다. 다시 말하면 우리가 지금, 순간이라는 수단에 의해서 구별된 전과 후를 셈할 때 시간은 있는 것이다.

이와 같은 이론 전개의 총괄을 아리스토텔레스는 다음의 유명한 정의로 요약한다. "시간은 전과 후에 따른 운동의 수이다."16) De Tollenaere는 이 시간의 정의는 해석상의 큰 난점이 있고, 아리스토텔레스의 주석가들의 피상적인 검토는 많은 해석상의 차이점을 드러내고 있고, 그들의 다양한 설명은 많은 혼동이 있다고 지적하고 있다. 우리가 언급한 바와 같이 시간은 운동의 어떤 것이다. 구체적으로 정신이 운동 안에 들어있는 '지금'이라는 순간에서 출발하여 전과 후를 한정할 때,

---

15) Physique, 218a30-34.
16) Physique, 219b1-2.

정신에 의해서 셈 세어진 것이다.

그러므로 "시간은 운동은 아니다. 그러나 운동이 수를 용인하는 한에 있어서 운동의 셈할 수 있는 양상인 것이다."17) 아리스토텔레스는 시간이 수임을 시간이 운동의 더 많고 더 적음을 평가하는 데서 그 증거를 찾는다. 그런데 더 많음, 더 적음의 척도는 정확히 수의 역할이므로, 시간을 수의 종류로서 정의하는 것을 정당화한다. 운동의 더 많고 더 적음의 척도는, 수와 같은, 시간인 것이다. 그렇지만 수는 두 가지 방식으로 이해된다. 말하자면 셈하여진(nombré) 것으로서나 셈할 수 있는(nombrable) 것으로서의 수(예, 열 사람)와 셈하는 방식으로서의 수(예, 추상적인 수 즉 10)가 있다. 하지만 시간이란 셈하여진 것이라는 의미에서 수이고 추상적인 수 즉 셈하는 방식이 아니다.

아리스토텔레스의 이러한 입장은 참으로 유의할 만한 것이다. 시간이란 과연 셈의 대상이지 셈 자체는 아닐 것이다. 그럴 것이 운동을 셈함 -계산, 계량, 측정, 측량- 은 시간에 의하여서밖에 하는 수 없기 때문에, 그런 의미에서, 시간은 운동의 수라고 하겠으나, 그렇다고 시간을 곧 하나, 둘, 셋 하는 그런 셈하는 수 자체라고 볼 수는 없는 것이다.18)

---

17) Physique, 219b2-5.
18) Physique, 219b6-9.

## 2. 시간의 정의 안에서 '지금'의 구조와 역할

아리스토텔레스가 시간의 정의에 이르게 되는 결정적인 요소의 하나는 "시간인 것처럼 보이는 것은 '지금'이라는 순간에 의해서 한정되는 것"[19]이라는 사실의 지각이다. 그는 이 지각을 '획득한 것'으로서 생각한다. 이러한 긍정은 그가 시간의 문제를 '지금'이라는 순간의 본질 위에 집중시키고 있음을 보여준다. 그래서 우리가 그 시간론을 '지금'이라는 순간에 관한 논의라고 할 수 있을 정도로 아리스토텔레스는 '지금'이라는 순간의 본질의 문제를 중시하고 있고, 그 결과 자기의 논리전개 과정의 두 번째 부분을 '지금'이라는 순간의 구조분석에 할당하고 있다. 또 동시에 시간의 한정에서 '지금'이라는 순간의 역할을 증명하고자 한다.

시간의 흐름에서 '지금'이라는 순간의 위치는 어떤 것인가? 이런 질문은 우리에게 새로운 토론을 열어주는 것이다. 그런데 아리스토텔레스는 이미 그것을 시간의 존재에 관한 예비적인 아포리아에서 형식화하였다.

"과거와 미래의 한계인 것같이 보이는 '지금'이라는 순간은 하나이고 동일한 것으로 존속하는 것인가 또는 언제나 새로운

---

19) Physique, 219a29-30.

것인가 알아보기가 힘든 일이다."20)

이에 대해서 아리스토텔레스는 "'지금'이라는 순간은 그 기체(substrat)에 있어서는 동일한 것이나, 그 본질에 있어서는 다른 것이다."21)라고 응답한다. 우리는 이미 시간에 있어서 전과 후의 특징을 드러낼 때 이런 구별을 하였다. 이제 우리는 그것을 연관되는 다양한 형식 안에서 추구하게 될 것이다. 우선 우리는 기체로서는 동일하고, 본질로서는 다르다는 이 구별이 '지금'이라는 순간의 내적인 구조를 설명해주고 있음을 볼 것이다.

다음으로 그 구별이 시간과 '지금'이라는 순간의 관계와 '지금'이라는 순간이 수이라는 의미를 파악케 한다는 것을 볼 것이다. 마지막으로 이 구별의 이중적인 양상 위에서 시간의 연속성에 대한 '지금'이라는 순간의 역할이 근거 지워져 있음을 살필 것이다.

## 가. '지금'의 동일성과 이중성

움직이는 것(mobile)의 현재가 어떻게 동시적으로 동일한 것이고, 다를 수 있는가? 이에 대해서 아리스토텔레스는 "'지금'이라는 순간은 의미에서는 동일한 것이나, 어떤 의미에서는

---

20) Physique, 218b8-10.
21) Physique, 219b11.

그렇지 않다. 한 시각에서 딴 시각에로 달라지는 한에 있어서 그것은 다른 것이다. '지금'이라는 순간의 본질의 이런 것이다. 그러나 기체에 관한 한 그것은 동일한 것이다."22)라는 응답을 채택하면서 심사숙고한다.

아리스토텔레스는 시간의 흐름 속에서 '지금'이라는 순간의 이러한 이분법을 명확히 하기 위해서 연속됨과 전, 후의 형태 속에서 유비가 될 수 있는 것이 무엇인가를 찾아간다. 그러므로 아리스토텔레스는 시간의 고유한 연속성의 양상을 정초하기 위해서 한 쌍의 유비를 사용하면서 '지금'이라는 순간의 구조를 밝힌다.

"전술한 바와 같이 운동은 크기에 따르고, 시간은 운동에 따른다. 마찬가지로 우리에게 운동을 알아보게 하고, 그 운동 속에 앞뒤를 알아채게 하는 운동체는 점에 따른다. 그런데 운반체는 점, 돌 등 무엇이든지 간에 기체로서는 동일하다. 그러나 그것은 본질에 의해서는 다르다."23)

그런데 시간이 운동에 대응하듯이 '지금'이라는 순간은 운동체에 대응한다. 아리스토텔레스는 이 운동체와 유비에 의해서 '지금'이라는 순간이 '기체로서는 동일하고 본질로서는 다른 것'으로 나타난다는 것이다. 우리는 이것을 '지금이라는 순간의 아포리아 즉 동일성과 이중성의 패러독스를 해명하는 것으

---

22) Physique, 219b12-14.
23) Physique, 219b18-19.

로 이해할 수 있다. '지금'이라는 순간은 운동을 꿰뚫어 항상 동일하게 머무는 '움직이는 것'의 기체인 한에서 동일하다. 그리고 '지금'이라는 순간이 앞과 뒤의 과거들과 미래들이라는 다른 순간들과 언제나 다른 관계의 대상이 되는 한에서, 말하자면 구체적인 그것의 본질인 한에서, 또는 정신적인 파악인 한에서 '지금'이라는 순간은 언제나 다르다는 것이다. 그러므로 '지금'이라는 순간과 움직이는 것과의 비교는 일차적인 구별 즉 기체와 본질의 구별을 확실시한다.

바로 이 시점에서 앞장에서 시간의 정의를 구성하는 데 있어서 발생한 것과 같은 추리를 재인식할 수 있다. 그 추리란 바로 연속성의 시각에서 시간은 운동에, 운동은 크기에 환원된다는 것이다. 그런데 만약 우리가 전과 후의 관점에서 이러한 것들의 연속됨의 몇 가지 형태들을 숙고한다면, 이 형태들 각각 안에서 전과 후가 상대적으로 명명되는 몇 가지 원리를 비교하는 것은 합법적일 것이다. 이것은 연속됨의 각 형태 안에서 각 형태를 한정하는데 소용되는 개별적인 것들을 비교하는 것일 것이다. 구체적으로 점, 움직이는 것, '지금'이라는 순간은 공통적으로 연속됨의 전과 후의 질서를 한정한다.

그렇다면 그것들의 상대적인 역할의 비교는 무엇을 보여주는가? 그 비교는 한편으로 점의 위치가 선 위에서 앞과 뒤를 한정하는 그런 유사한 방법에 의해서, 움직이는 것이 운동의

앞과 뒤를 인식하는 원리임을 보여준다. 말하자면 "우리에게
운동을 알아보게 하고 그 운동 속에서 전후를 알아채게 하는
운동체 혹은 움직이는 것은 점에 따른다." 다른 한편 그 비교
는 움직이는 것의 연속적인 상태가 운동 안에서 앞과 뒤를 인
식하게끔 허락하는 그런 방법에 따라서, '지금'이라는 순간이
시간의 전과 후의 인식의 원리임을 드러낸다.

"시간이 운동에 대응하듯이 '지금'이라는 순간은 운반체에
대응한다. 왜냐하면 우리는 운반체로 말미암아 운동 안에서
전과 후를 인식하고, 전과 후를 헤아릴 수 있는 경우에 '지금'
이라는 순간이 존재하는 까닭이다."24)

그런데 이러한 아리스토텔레스의 추리는 '비례의 유비'를 적
용한 것이다. 그는 점, 움직이는 것, '지금'이라는 순간 사이를
수평적인 방법으로 비교하지 않고, 단지 한정하는데 있어서
세 가지 각각이 행한 역할을 확실시하는 데서 이루어진 것이
다. 그들 사이에는 이질성이 있어 하나의 본질에서부터 다른
것의 본질을 직접적으로 추리할 수 없는 것이기 때문이다. 그
렇다면 우리는 이런 비례적 유비에 의한 대응을 다음과 같은
도식에 의해서 읽을 수 있을 것이다.

$$\frac{점}{크기} = \frac{움직이는 \; 것}{운동} = \frac{지금-순간}{시간}$$

---

24) Physique, 219b22-25.

이와 같은 것들의 비교는 점, 움직이는 것, '지금'이라는 순간이 환원할 수 없는 독자성을 그대로 간직하면서 상대적으로 한정의 원리(Les principes de determination)라는 관계 위에서 지탱되는 것이다.

이처럼 아리스토텔레스는 '지금'이라는 순간의 내적인 구조를 밝히기 위해서 차례대로 비교의 두 기준점과 움직이는 것을 이끌어낸다. 특별히 그가 연속됨의 두 형태의 각각에 대응하는 두 개별적인 것인, 움직이는 것과 '지금'이라는 순간을 비교하는 것은 그의 일차적인 관심사가 끊임없이 다른 것으로 나타나는 연속을 통해서 '지금'이라는 순간의 고유한 위치를 밝히기 위함이었다.

그래서 우리는 시간 속에 '지금'이라는 순간에 '운동에서의 움직이는 것' 또는 '운반체'의 특성을 유비적으로 적용할 수 있다는 것을 검토한 것이다. 그렇다면 유비관계에 의해서 아리스토텔레스가 제안하고자 하는 것은 무엇인가? 움직이는 것 또는 운반체가 연속적인 자신들의 위치에 의해서, 운동 특유의 전과 후의 한정의 요소이다. 그래서 그것들은 상호간에 동일한 구조를 갖는다. 다시 말해서 움직이는 것과 유사하게 '지금'이라는 순간은 결과적으로 두 양상을 내포한다는 것이다. 하나는 '지금'이라는 순간이 언제나 동일한 것으로 되는 것인데, 이것은 기체인 한에 있어서 숙고된 순간이다.

또 다른 하나는 '지금'이라는 순간이 항상 달라, 바로 시간적인 연속을 가능케 하는 것으로, 이것은 본질인 한에서 숙고된 순간이다. 이러한 구별에 의해서 아리스토텔레스가 제안하고자 하는 것은 '지금'이라는 순간이 그것에 상응하는 연속됨의 인식의 원리가 된다는 것이다. 더 나아가 아리스토텔레스는 유비적인 비교의 결과를 다음과 같은 말로 확증해 주고 있다.

"여기서 잘 알 수 있는 요소들은 이런 것이다. 운동은 움직이는 것에 의해서 알려지고, 운반은 운반되는 것에 의해서 알려지기 때문에, 결국에 있어서 운동하게 된 것인 운동체는 개별적인 사물이다. 운동은 그렇지 않다."25)

이러한 확증은 움직이는 것과 '지금'이라는 순간이 각각의 고유한 영역에서 인식의 원리의 역할을 하고 있다는 이유를 확고히 하고 있다. 움직이는 것은 잘 알 수 있는 요소이고, 이것에 의해서 우리는 운동이란 무한정한 실재를 인식한다. 유비적으로 '지금'이라는 순간도 마찬가지로 움직이는 것의 모습에 따라 무한정한 지속의 흐름을 파악하게 하는 한정된 실재이다. 그러므로 시간과 운동 속에서 움직이는 것과 '지금'이라는 순간은 단번에 알려질 수 있는 요소들이고, 인식의 요인들이다.

요약한다면 '지금'이라는 순간과 움직이는 것은 연속됨에 있

---

25) Physique, 219b28-30.

어서 양자 다 유사하게 개별적이고, 실재적인 요인으로써, 한
편으로는 내적인 이분법의 동일한 형태에 의해서 구조되고,
그리고 다른 한편으로는 운동과 시간에 대한 인식의 항구적인
원리라는 것이다. 다시 말해서 이 양자의 각각은 자기의 고유
한 영역에서 어떤 의미에서는 동일하고, 어떤 의미에서는 항
상 다르다는 것이고, 한정의 실재적인 원리라는 것이다. 하지
만 아직까지 아리스토텔레스는 '지금'이라는 순간이 자기 구조
의 어떤 양상에 의해서 시간인식의 원리인지를 정의하지 않았
다. 만약 "'지금'이라는 순간이 시간 인식의 원리"임이 어떠한
양상에 의해서인가가 숙고된다면, 움직이는 것의 구조와 유비
에 의해서 확립한 '지금'이라는 순간의 내적인 구조는 새로운
도약을 감수해야 할 것이다. 이런 새로운 발전의 결정적인 요
인은 움직여진 것과 유비에 의해서 '지금'이라는 순간을 수의
단위로서 특징짓는 관찰일 것이다. 그래서 아리스토텔레스는
기체와 본질의 구별을 정당화하기 위해서 움직이는 것을 사용
한 후, 수의 단위로서의 '지금'이라는 순간의 역할을 확실시하
기 위해서 또 다시 움직이는 것을 사용한다. 움직이는 것과 '지
금'이라는 순간과의 비교는 먼저 기체와 본질로서 우리에게 드
러나는 양분법을 확실하게 하는데 소용되고, 그리고 다른 한
편으로 움직이는 것과 지금이라는 순간은 그들의 각각의 영역
안에서 행하는 '수의 단위'의 역할을 확실시하는데 소용된다는

것이다. 다시 말해서 '지금'이라는 순간은, 움직이는 것이 운동
의 인식의 원리이기 때문에 운동의 단위인 것처럼, 시간측정
의 단위인 것이다.

## 나. 수의 단위

이 시점에서 '지금'이라는 순간과 움직이는 것의 상호간에
놓여있는 역할의 비교를 허락하는 유비는 시간과 '지금'이라는
순간의 상호성 또는 상호 공존함을 분명하게 드러낸다. 즉 "시
간이 없으면 '지금'이라는 순간은 없고, '지금'이라는 순간이 없
이는 시간도 없다"[26]는 것이다. 아리스토텔레스는 이러한 동
시성 속에 함축된 것을 움직이는 것과의 유비적인 비교에 의
해서 '지금'이라는 순간의 역할을 수로서, 더 정확히 말해서 수
의 단위로서 검토한다.

운반(transport)의 각 순간에, 운동은 운반되는 것
(transporté)의 실재적인 상태 이외 다른 실재가 아니다. 마
찬가지로 흐르는 지속의 각 순간에, 시간은 실재적인 현재의
실재 이외 다른 실재가 아니다. 그러므로 운반되는 물체와 운
반 내지 운동은 공존하는 것이고, 시간과 '지금'이라는 순간도
마찬가지다. 이 점에 대해서 그 유비를 다음 형태로 옮길 수
있다.

---

26) Physique, 219b33-220a1.

$$\frac{\text{지금-순간}}{\text{시간}} = \frac{\text{운반되는 물체}}{\text{운반}}$$

그런데 아리스토텔레스는 이러한 대조에 멈추지 않고 "운반되는 것 즉 운동체와 운반 즉 운동이 공존하는 것과 마찬가지로, 운반되는 것의 수와 운반의 수가 공존한다"라고 한다.

$$\frac{\text{지금-순간}}{\text{시간}} = \frac{\text{운반되는 물체}}{\text{운반}} = \frac{\text{운반되는 것의 수}}{\text{운반의 수}}$$

이 같은 도식은 다음 텍스트에 의해서 더욱 명확히 설명된다. "시간은 결국 운반의 수이며, 그리고 '지금'이라는 순간은 운반되는 것과 마찬가지로 수의 단위와 같은 것이다"[27] 위 도식에서 분모를 형성하는 표현 '운반의 수'는 문제가 되지 않는다. 왜냐하면 단순히 시간의 정의 내용 즉 운동의 수를 회상하면 되기 때문이다. 그런데 분자의 표현 즉 '운반되는 것의 수'라는 것은 '지금'이라는 순간의 역할을 정확하게 알게 해준다. 그러면 '운반되는 것의 수'란 무엇을 의미하는가, 여기서 아리스토텔레스는 운반되는 것이 운동의 전과 후를 셈하는 것처럼 '지금'이라는 순간도 시간의 전후를 셈한다는 데서 '지금'이라는 순간과 운반되는 것이 비례적으로 비슷하다는 점을 제시한다. A.J. Festugière는 이 대조 상태를 아주 놀랄 만하게 잘

---

27) Physique, 220a3-4.

설명하고 있다.

"움직이는 것의 다양한 단위들이 운동을 구분하는 것을 허락함으로써, 움직이는 것, 그것이 하나의 위치 속에 머무는 한, 운동의 척도를 위해서 단위로 소용될 수 있다. 마찬가지로 움직이는 것의 다양한 현재들은 시간을 구분함으로써 움직이는 것, 그것이 하나의 현재 속에 머무는 한, 시간의 척도를 위해서 단위로서 소용 될수 있다."

따라서 '운반되는 것'의 수라고 부르는 것은 움직이는 것의 '셈할 수 있는 기능'을 나타내주고 있고, 또한 '지금'이라는 순간 역시 '단위의 종류'임을 명시하는 것이다. 다시 말하면 움직이는 것과 '지금'이라는 순간이 측정의 단위로서 드러난 것이다. 운동 안에서 움직이는 것은 인식의 원리인 한에서 측정의 단위인 것이다. 마찬가지로 운동의 흐름 안에서 움직이는 것과 동일하게 '지금'이라는 순간 또한 자신이 한정하는 지속의 흐름 속에서 측정의 단위로서의 자기역할 또는 셈할 수 있는 기능에 의해서 자신을 특징짓는다.

아리스토텔레스가 여기서 선명하게 진술하기 시작한 것은 정신이 시간을 셈 세어진 것으로서 측정 또는 한정 할 때에 '지금'이라는 순간에 의해서 행해지는 '셈할 수 있는 기능'이다. 따라서 우리는 지금까지 도달한 논리전개과정을 다음 스케마로 요약할 수 있는 것이다.

$$\frac{\text{지금-순간}}{\text{시간}} = \frac{\text{운반되는 것의 수}}{\text{운반의 수}} = \frac{\text{수의 단위}}{\text{셈세어지 수}}$$

결과적으로 이러한 도식으로부터 우리는 시간과 '지금'이라는 순간의 동시성을 어떤 의미로 파악해야 하는가를 이해할 수 있다. '지금'이라는 순간은 자신의 셈하는 연속의 흐름을 이유로 해서, 시간이 없이는 '지금'이라는 순간이 없다는 확실성을 가진다. 또한 반대로 '지금'이라는 순간이 없이는 시간도 없는 것이다. 왜냐하면 전과 후의 한정, '지금'이라는 순간이 그것의 단위로서 있는 셀 수 있는 능력의 있을 때만 셈세어진 수 즉 시간이 실제로 될 수 있기 때문이다.

시간의 실재적인 존재이며 불가분의 요소인 '지금'이라는 순간은 그 시간으로부터 모든 자신의 실재성을 이끌어낸다. 또한 반대로 '지금'이라는 순간은 자신이 수반하는 흐름에게 시간이 존재토록 한다. 왜냐하면 그것은 운동 속에서의 움직이는 것과 동일하게 한정함으로 지속을 셈하도록 허락하는 단위이기 때문이다. 그래서 이 장의 맨 처음에서 언급한 바와 같이 "시간이 없으면 '지금'이라는 순간이 없고 '지금'이라는 순간이 없으면 시간이 없는 것이다." 이런 순환적인 표현 속에 시간의 패러독스가 해명된다.

위에서 살펴본 것같이 '지금'이라는 순간은 시간척도의 단위이다. 왜냐하면 그것은 운동 속에서의 움직이는 것이 척도인 것과 유비적으로 가장 실제적이고, 그리고 이런 이유에서 가장 잘 인식되는 요소이기 때문이다. 그런데 시간의 척도라는 이러한 단위의 역할은 앞에서 예시된 바와 같이 '지금'이라는 순간의 조건의 두 가지 양상을 나타나게 한다. 먼저 '지금'이라는 순간은 그것이 그 흐름을 셈하는 순간으로부터 모든 자기 실재성을 얻는다.

이런 이유에서 '지금'이라는 순간은 셈세어진 것으로 있는 것이다. 그러나 다른 한편 전과 후의 흐름이 시간 즉 말하자면, 셈세어진 수가 된다면 이것은 바로 수의 단위로서 '지금'이라는 순간이 시간에 초래하는 한정을 이유로 하는 것이다. 이런 이유에서는 '지금'이라는 순간이 시간에 초래하는 한정을 이유로 하는 것이다. 이런 이유에서 '지금'이라는 순간은 셈하는 것으로 있는 것이다. 이런 '지금'이라는 순간의 두 가지 양상 즉, 셈하는 양상과 셈 세어진 양상의 증명은 아리스토텔레스의 시간분석에서 새로운 이분법 즉 영속성과 분할성을 추구하도록 인도해준다. 다시 말해서 단위로서의 발견은 '지금'이라는 순간의 동일한 본질 안에서 두 번째의 이분법을 제시한다. '지금'이라는 순간은 셈하기 위해서 단위로서 소용되기 때문에 그것은 또한 이중적인 기능을 확보한다는 것이다.

## 다. 연속성과 분할성(한계로서의 '지금')

우리는 앞장에서 '지금'이라는 순간이 시간의 실재를 정초한다는 것을 살펴보았다. 그런데 '지금'이라는 순간은 자기가 측정하는 영역 속에서, 모든 단위가 소유하는 단일화하는 기능 때문에, 연속성 요소이고, 또 그것은 셈을 위해서 실제적으로 적용되는 모든 단위가 그러는 것처럼, 분할의 요소이다. 아리스토텔레스는 이러한 '지금'이라는 순간의 이중적인 역할을 토대로 해서 "시간은 '지금'이라는 순간에 의해서 연속되고 분할된다."28)라고 주장한다.

아리스토텔레스는 이런 패러독스를 설명하기 위해서 다시금 시간, 운동, 선들의 유비를 사용한다. 그는 동일한 관점에서 차례로 2가지 형태의 비교를 한다. 먼저 그는 시간의 연속성안에서 '지금'이라는 순간의 역할을 보여주기 위해서 움직이는 것과 비교하고, 다음으로 시간의 불가분성을 보여주기 위해서 '지금'이라는 순간을 점과 비교한다. 그래서 이런 이중적인 대조는 두 종류의 단위 즉 움직이는 것과 점에 대해 '지금'이라는 순간의 독창성을 드러내게 할 것이다.

무엇보다도 아리스토텔레스는 시간의 연속성이 움직이는 것의 동일성에 의거한 운동의 연속성 위에 기초한다고 생각한다. 또한 움직이는 것과 유비에 의한 '지금'이라는 순간의 내적인 이분법 위에서 확립된 것은 여기서 시간의 연속성에서 '지금'이라는 순간의 역할을 드러내는데 소용된다.

---

28) Physique, 220a5.

'지금'이라는 순간은 자신의 양상의 하나에 의해서 동일하게 남아나고, 그것이 시간의 연속성을 확실시한다는 것이다. 그래서 기체와 본질사이의 구별은 '지금'이라는 순간의 아포리아에 대한 첫 번째 응답이었으나, 기체로서는 동일성의 토대이고, 본질로서는 끝없는 이다성의 요소라는 두 가지 양상의 대립은 여러 가지 다양한 반대로 표출되는데, 그 가운데 연속성과 분할성의 대조가 가장 집약적이라고 할 수 있다.

아리스토텔레스는 '지금'이라는 순간과 움직이는 것 사이의 대조 후 시간 안에서 연속성과 분할성의 조건과 크기 안에서, 더 정확히는 직선 크기 안에서 연속성과 분할성의 조건을 비교한다. 그는 먼저 어떤 견지에서는 '지금'이라는 순간과 움직이는 것은 점과 유사하다고 지적한다. 왜냐하면 점은 길이를 연속되게 하고 그것을 한정하기 때문이다.

점은 과연 한 부분의 시초이며 딴 부분의 끝으로 크기 안에서 연속과 분할의 요소이다. 단적으로 말해 선 위에 점은 시간 속에서 '지금'이라는 순간과 같이 구별하고, 하나로 하는 부분들 사이의 한계인 것이다.

그러나 점과 '지금'이라는 순간 사이에는 큰 차이점이 있다. 선 위에서 한 부분의 끝과 다른 부분의 시초라는 두 역할을 하는 점의 이중적 용법을 가정하는 것이 가능하다면, 단 하나인 요소를 둘로 씀으로써 한 중단이 불가피하다. 동일한 점이 시점이기도

하고, 종점이기도 하기 때문이다. 그러나 운동의 흐름이 끊임없이 야기하는 '지금'이라는 순간에서는 이런 분리가 불가능하다. "'지금'이라는 순간은 움직이는 것의 현재이고, 운반되는 것의 연속적인 운동에 의해서 언제나 다르기" 때문이다. 만약 주어진 한 순간에서 위 두 기능을 분리하여 '지금'이라는 순간을 둘로 나눈다면, 이것은 두 순간 사이에 중단을 형성함으로써 시간이 중단되어 버릴 것이다. 그러므로 선을 구분하면서 선분의 이중성을 산출하는 점과 시간의 본질은 양립될 수 없는 것이다. 점이 둘로 나뉘는 것은 중단을 전제하기 때문이다.

이와 같이 선 위에 점과 유비에 의해서 '지금'이라는 순간은 지속의 흐름 속에서 운반과 분할의 이중적 기능을 확보한다. 그러나 이런 유비적인 대조는 비교된 요소들 사이에 유사성뿐만 아니라 차이점을 드러내는데 소용된다. 그래서 아리스토텔레스는 '지금'이라는 순간이 연속됨에 있어서 불가분적인 것이라는 고유한 사실을 확실하게 하고 있다. 말하자면 '지금'이라는 순간과 점은 둘 다 '연속하게 하고 한정케 한다'는 이유에서 유사하다.

그러나 그들은 반대된다. 왜냐하면 점은 이중적으로 취해질 수 있지만, '지금'이라는 순간은 불가능하기 때문이다. J. M. Dubois는 아리스토텔레스가 이 점과 '지금'이라는 순간의 차이점을 명철화하지 않았다 라고 하나, 그의 탐구에 있어서 결론으로 이끌고자 하는 것은 다음과 같은 것이다.

"'지금'이라는 순간은 한정(limite)인 한에서, 그것은 시간이 아니고, 시간의 우연(accdent)이다. 그러나 그 순간이 셈하는 한에 있어서 (말하자면 지금이라는 순간이 시간을 셈하는데 소용되는 단위인 한에서)그것은 수이다(말하자면 지금이라는 순간은 그것에 의해서 우리가 이미 시간을 정의한 것이다)왜냐하면 한계들은 사물에만 속하는데, 그 사물이란 그 한계이외 것이 아니기 때문이다. 반대로 이 말들의 수, 예컨대 10마리의 말이란 수는 딴 데 있는 것이다."29)

이러한 한계로서의 '지금'이라는 순간과 수로서의 순간에 대한 그의 구별은 '지금'이라는 순간과 점이 반대됨을 밝히기 위함이다. '지금'이라는 순간이 한계라는 것은 그것이 점과의 유비를 가질지라도, 분할되지 않은 동일한 구조 속에서 이중성의 가능성을 거부한 채 한계의 기능에 의해서 분할한다는 것이다. 이렇게 '지금'이라는 순간을 한계의 양상으로 숙고한 아리스토텔레스는 '지금'이라는 순간을 시간의 우연이라고 정의한다. 이것은 무엇을 의미하는가? 이것은 '지금'이라는 순간이 분할하는 기능을 발휘할 때, 그것이 시간의 실재성 속에 포함되어 있지 않다는 사실을 표현하고 있다.

어쨌든 '지금'이라는 순간의 본질은 두 측면을 내포한다. "'지

---

29) Physique, 220a21-24.

금'이라는 순간은 시간의 연속성이다."30)라는 점에서 미래와 과거를 연결함으로써 지속의 다양성을 단일화하는 측면이 있고 또한 한계라는 측면이 있다. "'지금'이라는 순간은 한 부분의 시작이고, 딴 부분의 끝"31)인 것이다.

그러나 '지금'이라는 순간은 점과 다르게 현실태로서 시간의 부분을 연결하고 가능태로서 그것을 분할한다. 요약하면 단일화하는 기능을 가지고, 연속성의 한에 있어서 '지금'이라는 순간은 셈하는 측면이 있고, 분할하는 자신의 기능을 가지고, 가능태로서 분할하는 전과 후의 부분들의 한계인 한에서 '지금'이라는 순간은 셈세어진 측면이 있는 것이다.

그러므로 아리스토텔레스에 있어서 '지금'이라는 순간의 복합성은 시간에 대한 다양한 성격을 반영하고 있다. 움직이는 것과 점과의 두 비교의 연결은 시간 즉 지속적인 연속됨에 고유한 불가분적인 것의 구조를 현시한다.

이 구조를 '기체와 본질' '연속성과 한계'라는 이중적인 이분법에 따라 체계화된다. 그런데 이 양 요소들의 각각은 '지금'이라는 순간의 단위 속에서 자기의 역할을 수행함으로써 시간의 끊임없는 연속성과 이다성의 요소임을 확실시한다.

그러므로 "'지금'이라는 순간은 일면에 있어서는 시간의 가능한 분할이고, 또 타면에 있어서는 양 부분의 한계이며 또한 양

---

30) Physique, 222a 10.
31) Physique, 222a 12.

자의 합일이다"32) 이것은 아리스토텔레스가 '지금'이라는 순간의 개념에 가한 가장 일목요연한 표현이다. '지금'이라는 순간은 기체와 연속성인 한에서 합일 즉 단일성이다. 그러나 정신에 의해서 시간의 흐름에 적용됨으로부터 앞과 뒤의 분할이다.

이와 같이 '지금'이라는 순간의 이중적인 특징은 시간의 동질성과 이질성 및 그 연속성과 분할성에 바로 연관되는 것이다. 그런데 운동체와 점과의 유비에 의해서 철저하게 반성된 '지금'이라는 순간은 한계인 한 개별적인 것이다.

무릇 한계란 것은 한계 지어진 즉 한정된 사물에만 속하는 것이다. 이에 대해서 시간은 운동과 같이 보편적인 것으로 우리는 생각할 수 있다. 여기서 우리는 아리스토텔레스가 그의 스승인 플라톤에서 물려받은 주제, 말하자면 보편적인 것과 개별적인 것과의 문제를 상기할 수 있다.

따라서 보편적인 시간은 '지금'이라는 순간의 개별자에 상관하지 않는 한 그 소재를 불분명한 것이 되고 만다. 마치 운동체를 통해서 운동이 존재하는 것을 아는 것처럼 시간이 존재하는 것을 알아차리는 것은 '지금'을 떠나지 않는 한이 아닐 수 없다.

확실히 아리스토텔레스의 독자적인 사고에 의하면 지금이라는 순간이 시간의 밑받침인 것은 사실이다. 왜냐하면 개별

---

32) Physique, 222a 15-20.

자를 떠나서 보편적인 것이 따로 독립하여 존재한다고 보고 있지 않기 때문이다. 그러나 아리스토텔레스의 시간분석에 있어서 '지금'이라는 순간은 시간의 존재근거는 아니다. 단지 시간의 인식근거라고 함이 마땅할 것이다. 그렇다면 시간의 존재론적인 문제 즉 플로티노스적인 문제가 남아나지 않는가?

여기서 아리스토텔레스의 시간론에 대한 고찰을 중지할 수 있다고 생각하는데, 이는 우리가 아리스토텔레스의 시간론을 다 살펴보았다고 생각하기 때문이 아니다. 아우구스티누스의 시간분석을 고찰하고 평가하는데 있어서 중요하다고 생각되는 점만을 작업한 것이다. 아우구스티누스의 시간은 아리스토텔레스와는 반대되지는 않으나 전혀 다르기 때문이다.

우리는 아리스토텔레스의 자연학의 논리 전개과정을 따라가면서 시간의 정의와 그 정의 속에서 '지금'이라는 순간의 구조와 역할을 분석하였다. 아리스토텔레스는 시간을 "전과 후에 따른 운동의 수"라고 정의한다. 이 정의 속에서 중심 위치를 차지하고 있는 '지금'이라는 순간은 일차적으로 아포리아의 대상이었고, '지금'이라는 순간의 구별은 시간의 존재지각을 허락하는 것이었다. 또한 '지금'이라는 것은 시간의 정의에 관여한다. 그것에 의해서만이 운동의 전후가 셈할 수 있는 것이기 때문이다.

다른 한편 '지금'이라는 순간은 점과 비교된다. 그래서 그것은 시간의 부분이 아니고, 단지 부분의 한계임이 드러난다. 이와 같은 아리스토텔레스의 시간해석과 나란히 고대철학의 현존하는 시간에 대한 유명한 논의는 다름 아닌 포르피리우스(Porphyre)의 연대적 순서에 있어서 제 45번인 플로티노스의 "영원과 시간에 관한 논고"(EnneadesⅢ, 7)이다.

　이것은 우리의 다음 과제이다. 왜냐하면 플로티노스는 엔네아데스 Ⅲ, 7, 9(12-13)에서 아리스토텔레스를 비판하고 있기 때문이다. 또한 이런 태도는 영혼에 대한 서로 다른 개념으로 인하여 차이점이 있지만, 시간에 대한 아우구스티누스의 사고, 특별히 고백록 제Ⅺ권, 14-28에 깊은 영향을 주고 있기 때문이다.

# 제Ⅱ장

# 플로티노스 : 시간과 영혼

플로티노스는 엔네아데스 통해서 산재해 있는 다른 중요한 테마와는 달리 그 자신의 시간에 관한 견해를 "영원과 시간에 관한 논고"(Ⅲ, 7)에 한정시키고 있다. 이 논고에서 플라톤주의자인 플로티노스는 플라톤이 시간을 '영원의 움직이는 영상'[1]으로 묘사한 티마이오스(Timaeus)37d-38b를 근거로 해서 자신의 영원과 시간에 관한 논의를 기초하고 있다.

그러므로 이 영원의 영상으로서의 시간의 개념은 플로티노스의 영원과 시간에 관한 사고의 출발점이다. 이러한 "영원과 시간에 관한 논고"에서 그 첫번째 부분으로 엔네아데스 제Ⅲ권, 7의 1-6의 영원에 관한 논의이후, 플로티노스는 엔네아데스 제Ⅲ권, 7의 7-13에서 시간에 관한 연구를 행하고 있다.

그런데 이 두 번째 부분 즉 시간에 관한 연구는 크게 세 부분으로 구분할 수 있다. 그 첫번째는 비아리스토텔레스적 시

---

1) Platon, Timée, texte établi et traduit par A. Rivaud( Paris: Les Belles Lettres,1985).

간이론의 거부이고, 두 번째 부분은 아리스토텔레스의 시간이론의 거부, 그리고 세 번째 부분은 플로티노스 자신의 시간이론이다. 이 가운데 두 번째 부분의 아리스토텔레스의 시간정의에 대한 비판적 분석은 우리에게 중요하다. 이러한 비판적 분석으로 나타난 플로티노스의 시간이론이 아우구스티누스의 시간에 관한 논의에 영향을 주었고, 그 결과로 우리가 양자사이에 어떤 유사성을 발견하기 때문이다.

엔네아데스의 첫번째 부분(1-6)에서 플로티노스는 영원에 관한 논의를 한 후 "영원에로의 참여가 당위성으로 나타난다면 시간 안에 존재하는 것들에게 어떻게 그 참여가 참으로 가능하겠는가?"라고 물으면서 시간의 문제에로 나아간다.[2]

시간의 본질이 무엇인가를 발견한다면 시간 안에서 그것이 어떻게 가능한가를 알 수 있을 것이다. 그러므로 우리는 시간의 본질을 탐구하기 위해서 영원으로부터 하강해야 한다. 우리의 길은 상승의 길이었으나, 이제는 시간이 있는 데까지 내려와야 한다.

그러나 여기서 한 가지 지적할 수 있는 것은 플로티노스에 있어서 시간의 문제는 영원과 동반되는 어떤 것으로서만 이해된다는 것이다. 그의 형이상학적 체계에서 감각적인 세계가 정신적인 세계와 분리돼서 이해될 수 없는 것과 마찬가지로,

---

2) Plotin, Enneades texte établi et traduit par E. Brehier(Paris:Les Belles Lettres,1989), vol. III 7,7,1.

감각적인 세계에 명백하게 속해 있는 시간은 정신적인 세계의 '영원'과 관계 속에 위치하기 때문이다.

다음으로 플로티노스는 시간의 추구에 있어서 그가 따라가야 할 방법을 지적하고 있다.[3] 우리의 선각자들이 시간에 관해서 아무것도 언급하지 않았다면, 시간의 문제를 영원의 문제와 관련시키면서 출발해야 할 것이고, 또한 이런 방법으로 시간에 관한 우리들의 의견을 제시하면서, 우리가 시간에 관해서 소유하고 있는 공통적인 개념과 화해시키려고 노력해야 할 것이다.

그러나 선각자들이 시간에 관해서 언급했다면, 우리는 먼저 고대사람들에 의해서 내려온 시간에 관한 사상들 가운데 고려해 볼만한 가치가 있는 것들을 탐구해야 할 것이다. 그래서 우리의 고유한 사상이 그들의 시상들 중 어느 것과 일치하는가를 검토해야 할 것이다.

이와 같이 플로티노스는 시간에 관한 우리들의 지식의 원천을 두 가지로 지적하고 있다. 먼저 철학적인 방법이든 비철학적인 방법이든 간에 자기관찰 내지 분석에 의해서, 모든 사람들이 가지고 있는 시간에 대한 공통적인 지식이 우리가 숙고해야 할 어떤 것이라는 것이고, 시간에 대한 세부적인 검토는 이런 지식과 부조화되어서는 아니 된다는 것이다.

---

3) Enneades III 7,7,10.

인간의 확신은 모든 철학적 설명의 기초이기 때문이다. 그 다음으로 두 번째 지식의 원천은 한정된 방법에 따라서 이행된 철학적인 연구이다. 무엇보다도 이것은 고대 사람들이 우리가 만족할 수 있을 정도로 문제를 탐구했는가하는 것을 살피는 것이다. 다시 말해서 그들이 도달한 결과가 문제의 합당한 해결점인지 그렇지 않은 것인지를 검토하는 것이다. 이러한 입장은 바로 플로티노스의 비아리스토텔레스적 시간이론의 비판적 분석과 아리스토텔레스적 시간정의의 비판으로 이어진다.

플로티노스는 비아리스토텔레스적 시간이론을 세 가지 양상으로 구분하는데 그것은 시간이 운동이라든가, 움직이는 사물 이든가, 운동의 어떤 속성이라든가 이다. 이것은 시간이 정지라든가, 정지된 사물이라든가, 정지의 어떤 속성이라고 말하는 시간에 관한 일반적인 개념과는 반대되는 것이다. 그런데 시간을 운동과 동일한 것이라고 말하는 사람들 가운데는, 어떤 사람은 시간이 운동 일반이라고 하고, 또 어떤 사람은 우주의 운동이라고 말한다.

또 시간을 움직여진 사물로 생각하는 사람은 시간이 우주의 천체라고 말한다. 그리고 운동의 어떤 속성이라고 생각하는 사람은 시간을 운동의 간격, 운동의 척도, 운동의 부산물이라고 부른다. 이것은 또한 운동일반이든지, 단지 규칙적인 운동이라는 두 측면에서 논해지는 것이다.4) 이와 같은 세 가지 구룹은 비아리스토텔레스 시간이론의 구분이다. 우리는 플로티노스가 이러한 것을 어떻게 분석, 검토, 음미했는가를 고찰하면서, 플로티노스의 아리스토텔레스 비판에로 나아갈 것이다.5)

(1) 세 가지 형태의 이론가운데 첫 번째 것은 시간을 운동으로 정의하는 것이다. 이 분류 속에는 지적한 바와 같이 시간과 운동일반을 동일시하는 사람과 시간을 우주의 운동 즉 주기에 한정하는 사람이 있는 것이다.

그런데 플로티노스는 그의 일상적인 관례에 따라 사람의 이름을 지칭하지 않기 때문에 누가 이런 견해를 정초했는지는 분명치 않다. 그런데 플로티노스에 의하면 시간은 운동일반을 생각하거나 일정한 규칙적인 운동을 생각해 보거나 간에 운동일수가 없다. 왜냐하면 어느 경우든 운동은 시간 속에 있는 것이고, '그 속에 운동이 있는 것'은 운동과 다른 것이기 때문이다.

이런 플로티노스의 일반적인 관찰은 '운동은 끊이고, 중단될 수 있으나, 시간은 그럴 수 없다'라고 말함으로써 더 구체화된다. 하지만 우주의 천체운동은 예외적이지 않은가? 달리 말해서 이것은 중단되지 않는 것이 아닌가? 그러나 이것도 시간 속에 존재한다. 예컨대 우리가 객관적인 천체의 운동이 아주 빠르다고 말하지만 이것은 운동과 시간이 다르다는 것을 지적해

---

4) Enneades Ⅲ 7,7,17.
5) Enneades Ⅲ 7,8,1.

주는 것이다. 왜냐하면 최고로 빠른 운동은 아주 작은 시간 안에서 다른 것보다 더 먼 거리를 통과한 것이기 때문이다. 이럼으로써 우리의 결론은 모든 운동 즉 우주의 운동조차까지도 시간 속에 존재하고, 그러므로 운동과 시간은 다른 것이라는 데 이른다.

이 시점에서 위와 같이 시간에 관한 첫 번째 견해를 비판하고 있는 플로티노스와 아리스토텔레스를 비교하는 것을 흥미로운 일이다. 왜냐하면 아리스토텔레스도 마찬가지로 시간이 운동이라는 제안을 비판적으로 검토하고 있기 때문이다.

플로티노스는 먼저 아리스토텔레스와 같이 단순한 분석을 통해서 시간이 운동이라는 견해가 시간에 관한 일반적인 신념에 일치하지 않는다고 한다. 우리가 용인하고 있는 시간의 개념은 시간과 운동이 다르다는 것을 함축하고 있기 때문이다. 그리고 또한 운동을 시간 속에 있는 것으로 논한다. 그런데 이런 논의는 아리스토텔레스의 변증론과 같은 수준 위에 행해진다고 보아짐으로써 아리스토텔레스의 논쟁과 그 세부에 있어서 많은 유사성을 가진다. 플로티노스의 '모든 운동이 시간 속에 있다'는 진술은 우리로 하여금 바로 움직이거나 휴식하는 모든 것들이 시간 속에 있다는 아리스토텔레스의 논증을 회상하게 한다.

또 플로티노스는 말하기를 우주의 운동을 제외하고, 운동은 간헐적으로 중단하게 될 것이나, 시간은 그렇지 않다고 한다. 이와 마찬가지로 아리스토텔레스 개별적인 운동을 소멸될 수 있으나, 시간은 멈추지 않는다고 한다. 더 나아가서 아리스토텔레스는 천상의 주기가 시간이 아니고, 운동은 보다 더 빠르고 느리거나 하지만, 시간은 그렇지 않기 때문에 운동이 시간이 될 수 없다고 말함에 의해서 플로티노스와 일치하고 있다.

그러나 이런 일치의 요소들에서 서로 다른 측면을 간과할 수 없다. 아리스토텔레스는 긴 토론 후에 움직이는 것이나 정지된 모든 것이 시간 속에 실재한다고 언급한다. 그러나 플로티노스는 예비적인 작업 없이 시간 속에 운동이 있다고 진술하고 있다. 운동은 소멸하지만 시간은 그렇지 않기 때문에 일반적으로 움직이는 것은 시간 속에 존재하는 것이다.

플로티노스는 '모든 운동이 시간 속에 있다'는 이 고찰에 근거해서 시간과 운동을 구별한다. 만약 운동이 시간 속에 있지 않는다면, 이것은 시간존재보다 먼저 있는 존재일 것이다. 그런데 아리스토텔레스는 운동이 수인 한에서 시간 속에 있다고 봄으로 소멸 즉 정지의 주기도 마찬가지로 시간 속에 있다고 언급한다. 왜냐하면 정지는 운동의 결여이기 때문이다.

이러한 아리스토텔레스의 진행은 플로티노스로 하여금 소멸되지 않는 우주의 천체운동에 특별한 주의를 주게끔 한다. 그런데 아리스토텔레스는 단순히 주기는 시간이 아니라고만 말하고 있다. 또한 플로티노스는 이 우주의 천체운동이 시간 속에 존재한다는 것을 보여주기 위해서 천체들의 상대적인 속도를 사용한다. 반면에 아리스토텔레스는 보다 빠르고, 보다 느린 운동이 시간에 의해서 한정되기 때문에, 운동은 시간이 아니다라고 말한다.

(2) 플로티노스는 이제 시간이 천체자체라는 시간에 대한 두 번째 견해를 취급한다.6) 그런데 시간이 천체의 운동이 아니라면 참일 수 없는 것이다. 왜냐하면 운동 때문에 시간이 천체라고 생각되기 때문이다. 이 견해는 바로 시간과 천체자체를 동일시하는 피타고라스적 착상에서 온 것이다. 그러나 이 견해는 아리스토텔레스나 플로티노스에게 있어서 논의해 볼 만한 가치가 있는 것으로 생각되지 않는다.

(3) 다음은 '시간은 운동의 속성이다'라는 세 번째 형태의 이론인데 이것은 가장 중요한 것이다. 일반적으로 이 주장은 시간이 운동에 관계된 어떤 것이라는 입장이다. 이 어떤 것은 바로 운동의 간격 또는 운동의 척도 또는 운동의 부산물일 수 있다. 그런데 이 각각 안에 내포된 운동은 운동일반이거나 개별적이고 규칙적인 운동이라는 양면으로 문제될 것이다.

플로티노스는 무엇보다도 먼저 시간이 운동의 간격이라는 것에로 나아간다.7) 하지만 시간은 운동일반의 간격이 될 수

---

6) Enneades Ⅲ 7,8,20.
7) Enneades Ⅲ 7,8,23.

없다. 왜냐하면 모든 운동은 동일한 간격을 갖고 있지 않기 때문이다. 동일한 공간의 운동들까지도 그러하다. 예컨대 장소의 운동은 더 빠르거나 더 느리다. 그러기에 두 개의 운동의 크기들이 측정되기 위해서 그것들을 측정할 단위가 필요한 것이다. 따라서 시간을 운동의 간격이라고 생각하자면 차라리 이 단위를 시간이라고 호소함이 정당할 것이다.

만일 그렇다면 단위가 되는 그간격의 수만큼 무한한 수의 시간이 있게 될 것이다. 다음으로 시간이 일반적인 운동전체의 간격이 아니라 단지 규칙적인 운동의 간격이라 할지라도 시간은 모든 규칙적인 운동의 간격일 수 없다. 왜냐하면 이 많은 규칙적인 운동은 동시적으로 우리에게 많은 시간들을 제시하게 될 것이기 때문이다. 그런데 우리는 특별히 시간이 우주의 운동의 간격임을 숙고해 보자. 만약 이 간격이 우주의 운동자체 속에 있는 것이라면 그것은 운동자체와 어떻게 다른 것인가? 일단 이 간격이란 우리가 일상생활에서 말하는 날, 달, 해 즉 연월일의 길이일 것이다.

그러나 이런 한정된 운동의 양은 공간에 의해서 측정될 것이다. 왜냐하면 운동이 통과한 공간은 공간의 어떤 양이기 때문이다. 그렇다면 이러한 간격은 시간이 아니라 공간일 것이다.

그렇지 않다면 시간이 우주의 운동의 간격이라는데 있어서 운동이 간격을 갖게 되는 까닭은 그 운동이 연이어 계속되고 끊이지 않고 매번 제시하는 연고일 것이다. 그러나 이 간격 즉 다른 말로 한다면 연장은 운동자체의 양에 지나지 않는다. 단지 어떤 양 또는 열의 강도가 시간일 것이다. 이곳에서는 한편으로 연속해서 발생하고 새로 생기면 부단히 이어지는 운동이 있을 것이고, 다른 한편으로는 그 운동 속에서, 관찰되는 바의 것으로, 간격을 가질 것이다. 그럼으로 운동의 이 같은 재생발생에 관해서는 그것이 2장 3같은 수로 표시될 것이며, 이 간격은 양의 문제로 대치될 것이다.

　이럼으로써 우리는 운동 속에서의 추상적인 수 또는 운동의 양이라고 한 간격 즉 연장을 제시할 수 있는 것이다. 그러나 이 간격이란 시간에 관한 아무런 관념도 내포하고 있지 않고, 시간 안에서 발생하는 운동의 한정된 양일 뿐이다. 그렇다면 시간은 전혀 간격 즉 연장이라고 할 수 없을 것이다. 그런데 이 같이 시간이 간격이 아니라면 그것은 운동 속에 있게 될 것인가? 왜냐하면 운동의 연장은 운동의 밖에 있는 것이 아니라, 동시적으로 발생하지 않는 운동이기 때문이다.

　그러나 동시적으로 발생하지 않는 것은 시간 속에 존재함이 틀림없다. 그래서 플로티노스는 "간격 즉 연장을 소유하고 있는 운동과 운동의 간격은 시간이 아니다. 오히려 시간 속에 있는 것이다"[8]라고 말한다. 공간이 운동과 연관된 연장의 종류

---

8) Enneades Ⅲ 7,8,24.

이라면 시간은 공간이 아닌 것이다.

지금까지 살펴본 플로티노스의 논의는 바로 스토아학파의 '시간은 운동의 연장'이라는 견해를 비판한 것이다. 그런데 플로티노스는 이 비판에서 나타난 바와 같이 시간을 추상적인 운동의 수와 동일시하는 견해를 묵인하지 않는다. 그 결과, 이 것은 바로 아리스토텔레스 검토로 이어진다. 왜냐하면 아리스토텔레스는 우리가 살펴본 바와 같이 시간을 '전과 후에 다른 운동의 수'로 알아들었기 때문이다.

## 1. 아리스토텔레스적 시간 정의의 비판

풀로티노스는 엔네아데스 제Ⅲ권, 7의 9에서 아리스토텔레스의 시간정의에 관한 비판적 분석을 가하고 있다. 그는 누구라고 그 이름을 지칭함이 없이 아리스토텔레스의 이론 즉 '시간이 운동의 수 또는 운동의 척도'라 함은 어떤 의미에서인가 라고 물어간다. 플로티노스는 먼저 그가 시간을 운동의 간격으로 정의하는 견해에 대해서 한 것처럼, 시간이 모든 운동일반의 척도 아니면 단지 규칙적인 운동의 척도가 될 수 있는 것인가 라는 질문을 던진다.

그런데 운동을 전체로서 관찰한다면 바로 다음의 어려움에 부딪친다. "어떻게 우리가 불규칙적인 그리고 균등하지 않은 운동을 평가하느냐, 그런 운동의 수 또는 척도란 어떤 것인가? 그 척도는 무엇에 의해서 이루어지는가?"[9]라는 질의반문이 다. 만일 시간이 규칙적이건, 불규칙이건, 느린 것이건, 빠른 것이 건 상관없이 모든 종류의 운동의 수 또는 척도라면 시간 은 말이나 수를 동등하게 측정하는 10이라는 수와 같은 것일 것이다. 그러나 이것은 시간이 운동을 측정한다는 것을 말해 줄 수 있으나, 아직 시간이 무엇인지는 말해주지 않는다. 하지 만 10이라는 추상수는 그것이 측정하는 말과 분리되어 알려질 수 있다. 그리고 어떠한 척도도 그것이 결코 측정하지 않는다 하더라도 척도로서 고유한 본성을 가질 수 있을 것이다.

어쨌든 시간이 수이라면 어떻게 그것이 10과 같은 추상수와 구별될 수 있는가? 또한 시간이 연속적인 척도라면 그것은 '한 팔뚝의 길이' 같은 어떤 양을 가질 것이다. 그렇다면 시간은 크 기 즉 운동과 보조를 맞추는 '한 선'과 같은 크기일 것이다. 그 러나 어떻게 선이 운동과 함께 전진하면서 운동을 재는 것인 가 그 운동이 그 선을 재지 않는데, 어찌하여 그 선은 운동을 재는 것인가?

## 가. 시간과 운동의 척도

플로티노스는 아리스토텔레스의 시간정의를 비판하는 과정

---

9) Enneades Ⅲ 7,9,1-5.

에서 일차적으로 일반적인 모든 운동과 규칙적인 운동을 구별
한다. 그런데 아리스토텔레스는 시간에 의해서 모든 종류의
운동일반을 측정할 수 있다고 한다. 하지만 우리가 시간이 어
떻게 모든 운동을 측정하는가를 이해하기를 기대한다면 운동
을 측정하기 전에 운동으로부터 독립된 존재로서 시간자체의
본성에 관한 설명이 있어야 할 것이다.

　이에 대해서 플로티노스는 시간이 서로 다른 것을 측정하는
10이라는 수 또는 어떤 종류의 척도일 수 있다고 제안한다. 그
러나 시간을 추상적인 수로 부를 수 없다. 왜냐하면 우리는 시
간은 수들에 의해서만 규정하지 않기 때문이다. 다른 한편 시
간을 운동의 척도로서 정의하는 것은 우리에게 측정하는 것을
말해주기는 하나, 시간자체가 무엇인지는 말해주지 않는다.
또한 우리는 시간을 선이 그러는 것처럼 운동과 보조를 맞추
는 연속적인 척도라고 간주할 수 없다. 왜냐하면 시간은 운동
에 의해서 측정되는 권리를 가지고 있지 않을 뿐 아니라, 운동
을 측정하는 권리도 가지고 있지 않을 것이기 때문이다.

　그렇다면 모든 운동 일반이 아니라 개별적인 운동과의 관계
안에서 운동을 수반하는 시간의 크기를 숙고하는 것이 더 바
람직할 것이다.10) 이 개별적인 운동은 연속되고 단일한 것으
로 바로 우주의 운동이다. 그런데 플로티노스는 생각하기를

---

10) Enneades Ⅲ 7,9,22.

시간의 연속성과 그것의 다른 특징을 설명하기 위해서 이 우주의 운동이 필요하다고 생각한다. 그러므로 만약 우리가 시간을 운동의 척도로 파악한다면, 동시에 시간이 소유하고 있다고 파악되는 연속성과 단일성을 보존한다면, 우리는 시간을 모든 운동의 척도라고 생각할 수 없고, 단지 우주의 운동의 척도로서만 생각할 수 있다고 한다.

이에 반하여 아리스토텔레스는 시간이 어느 종류든 모든 운동의 척도임을 보여준다. 왜냐하면 모든 운동은 시간 속에 존재하고 시간에 의해서 측정되기 때문이다. 그런데 시간이 척도라면 우주의 운동의 척도라는 플로티노스의 이러한 관찰은 시간이 모든 운동의 척도라는 견해에 대한 비판을 보충하는 것으로, 바로 이런 입장에서 그는 어떻게 불규칙적인 운동이 측정될 수 있는가 라고 물었던 것이다.

그러나 시간이 연속한다면 그것은 틀림없이 한 운동 즉 우주의 운동의 척도라는 것에 대해서도 플로티노스는 이미 앞에서 시간이 운동의 척도라는 데서 연속되어진다면, 왜 어느 하나가 척도가 될 수 있는 것인지를 알아보기가 힘들다는 것을 보여 주었다.

이와 같이 플로티노스는 시간이 수 또는 연속하는 척도로서 어떤 실재성을 갖는다는 것을 주장하기가 어렵다는 것을 보여 준 후에, 운동을 측정하는 것 즉 시간이 운동을 떠나서가 아니라, 측정된 운동을 따라서 숙고되는 가능성을 검토한다.

이 가능성 속에는 측정된 운동과 측정하는 일단의 크기가 있는 것이다. 우리는 이 가운데 어느 것이 시간일 것인가 하는 질문을 할 수 있다. 시간은 크기에 의해서 측정된 것으로 사료된 운동일 것인가? 또는 측정하는 크기일 것인가? 아니면 크기를 사용하는 제 3의 것인가? 다시 말해서 운동의 양을 측정하기 위해서 크기를 사용하는 즉 '한 팔뚝의 길이인 자'와 같은 제 3의 것인가? 우선 '시간이란 그 크기에 의해서 측정된 운동이다'라고 가정해 보자. 그 운동이 측정되자면 그 자신에 의해서 측정될 수는 없을 것이다. 그래서 그것 아닌 딴 것에 의하여 측정되는 수밖에 없다.

따라서 만약에 운동이 그 자신이 아닌 딴 척도를 요한다면, 운동을 재기 위해서는 그 운동과 같이 연속하는 어떤 척도가 필요하다. 또한 시간이 운동을 측정하는 크기라 할지라도 이와 유사하게 그 크기 자신이 또한 측정되어야 한다는 요구가 불가피적인 것이다. 이것은 운동이 어떤 길이인 것으로 측정되는, 어떤 길이를 정함에 의해서 그 자신이 측정되기 위해서이다.11) 이럼으로써 플로티노스에게 측정된 운동 속에의 크기는 척도와 마찬가지로 더 이상 시간이라고 불릴 수 없는 것이다. 왜냐하면 이 크기는 자신에게 한정된 양을 주기 위해서

---

11) Enneades III 7,9,35.

척도로서 그 외 다른 것이 필요하기 때문이다.

만약 운동을 수반하는 크기가 자신에게 한정된 양을 주기 위해서 척도로서 그 외 다른 것이 필요하기 때문이다. 만약 운동을 수반하는 크기가 자신에게 한정된 양을 주기 위해서 어떤 제 3의 것을 요구한다면, 이것은 수의 종류일 것이다. 우리가 시간을 운동의 척도인 것으로 생각한다면 이 수는 크기 자체라기보다 시간이라고 불려질 것이다. 그것은 크기와 운동의 궁극적인 척도이기 때문이다.12) 그러므로 수란 측정된 운동과 이 운동을 측정하는 크기에 덧붙여서 플로티노스가 제안한 것으로, 운동을 측정하기 위해서 크기를 사용하는 것이라는 세 번째 가능성의 예이다.

그러나 플로티노스는 운동이 그것에 의해서 측정되는 측정의 단위로 운동을 나누기 위해서, 운동을 수반하고 있는 연속적인 크기를 이 추상적인 수가 어떻게 측정할 수 있는가 라고 의심한다. 예를 들어서 3이라는 수가 3일 또는 3년과 같은 운동을 위한 척도의 3단위를 우리에게 주기 위해서 어떻게 연속적인 크기를 구분할 수 있는가?

그러나 플로티노스는 계속하기를, 만약 우리가 이 추상적인 수가 어떻게 측정하는가를 안다 할지라도 "우리는 측정하는 시간이 아니라, 시간과 다른 어떤 것인 시간의 양만을 알게 될

---

12) Enneades Ⅲ 7,9,43.

것이다."13)라고 말한다. 이것은 바로 시간이 운동의 척도라는 견해가 논리적으로 시간을 수로 환원시키는 것처럼 보일지라도 시간을 추상적인 수와 동일한 것으로 받아들일 수 없다는 것이다.

추상적인 수가 연속적인 양을 측정할 수 있다 하더라도, 여기서는 단지 시간의 어떤 양만을 취하게 될 것이다. 확실히 이것은 시간에 대한 아리스토텔레스적 접근에 대해서 플로티노스가 제공하는 기초적인 비판이다. 다시 말해서 우리가 시간의 어떤 양이 무엇인가를 생각하기 전에 시간이 본질적으로 무엇인가를 진술할 수 있어야 한다는 것이다. 이것은 바로 시간의 어떤 양을 취하기 전에 그것이 무엇인가를 발견할 수 있다는 플로티노스의 확신이다. 그러므로 플로티노스의 견해로서는 아리스토텔레스가 내린 시간의 정의 즉 '운동의 수'니 '운동의 척도'니 하는데 머무를 수가 없는 것이고, 시간 자체의 진상을 포착해야 한다는 것이다. 그런데 플로티노스는 여기서 중단하지 않고 엔네아데스 제Ⅲ권, 7의 9,55에서 아리스토텔레스 시간정의의 다른 양상을 주제로 채택한다.

## 나. 시간의 전과 후

아리스토텔레스에 의하면 우리가 전과 후를 지각할 때에 우

---

13) Enneades Ⅲ 7,9,46.

리가 시간이 있다고 말한다. 그래서 시간은 전과 후에 따른 수라고 한다. 이에 대해서 플로티노스는 전과 후에 의해서 측정하는 수가 무엇인지 명확하지 않다고 비판한다.

그래서 "전과 후에 따라서 측정하는 것 즉 수는, 전과 후에 따라서 측정하기 위해서, 시간의 점 또는 그의 어떤 것을 사용하든지 간에 시간에 순응함으로써 측정하는 것이다."[14]라고 한다. 그러므로 전과 후에 의해서 운동을 측정하는 것은 어떻게든 시간에 속해 있고, 측정하기 위해서 시간과 접촉되는 것이다.

그렇다면 '전후에 따라서' 운동을 측정하는 수, 그런 운동의 수가 '따르는 그 시간'이란 과연 어떤 것일까? 여기서 전후란 아리스토텔레스에 의하여 한 장소에서 다른 장소로 이동하는 장소 속에 있는 것이다. 그래서 기본적으로 시간적이 아니라 공간적인 전과 후에 따라서 시간이 셈해진다고 말한다.

아리스토텔레스와 같은 자연학도는 이같이 한 장소에서 다른 장소로 경과라는 셈할 수 있는 운동으로부터 시간의 관념을 받아야 한다고 말할 것이다. 그러나 플로티노스는 단지 공간적인 간격의 차이에 기초한 셈하는 작용이 어떻게 우리에게 공간의 양이 외 다른 어떤 것을 줄 수 있겠는가 라고 반문한다. 그는 운동이 한 장소에서 다른 장소로 움직이는 것은 그것

---

14) Enneades Ⅲ 7,9,55-60.

이 이미 시간 속에 있기 때문이라고 믿고 있다.

따라서 그는 전과 후는 시간적인 의미로 알아들어야 하고, 시간적인 전후는 공간적인 전후보다 더 기본적인 것이라고 한다. 그 결과 플로티노스는 "전이란 지금이라는 순간에서 끝난 시간이고, 후란 지금이라는 순간에서 비롯할 시간이다."15) 라고 시간적으로 알아듣는다. 그래서 우리는 운동일반이든지 규칙적인 운동이든지 간에 운동을 전과 후에 따라서 측정하는 수는 시간에 따라서 측정하는 것임으로 이 수는 시간과 다른 것이라고 결론지어야 한다.

그렇다면 "시간이 존재하기 위해서 수의 개재가 어째서 필요한 것인가?"16)라는 플로티노스의 정색한 질의가 나올만한 것이다. 아리스토텔레스는 시간을 정의하기 위해서 수의 개념을 도입하였으나, 이 같은 수 개념의 중개 없이 직접 시간을 파악할 수는 없는가, 시간이 무엇인가를 정의하기 위해서가 아니라, 그 무엇인 바 시간이 실재하기 위해서 수란 필요한 것인가, 한 마디로 수를 통해서만 시간은 있게 되는가 하는 반문이다. 하지만 운동이 이미 시간 속에서 전과 후를 가지고 존재한다면, 왜 시간은 수의 개입 없이 존재하지 않는가?

혹자가 수가 개입되어야 견해를 갖는다면, 그것은 누구가 그 양을 측정하지 않는다면 크기가 그 자신의 양을 가지지 않

---

15) Enneades Ⅲ 7,9,64.
16) Enneades Ⅲ 7,9,68.

는다고 말하는 것과 같을 것이다. 아리스토텔레스는 시간을 셈 세어진 운동의 양상으로 본다. 그러나 플로티노스는 우리가 지적한 것처럼 어떻게 운동의 양이 우리에게 열과 같은 어떤 것의 양이라는 것 이외에 시간의 관념을 줄 수 있겠는가 라고 묻는다.

그러므로 우리는 운동과 측정 특별히 시간의 측정을 떠나서 시간의 본질을 물어야 할 것이다. 시간은 무한한 것이고 아니면 그렇게 인정되는 것임으로 우리가 어떻게 그것에 대한 수를 이야기할 수 있겠는가? 우리가 측정한다면, 시간 그것이 부분을 취해서 그것을 수에 의해서 측정할 것이다. 그런데 이것은 시간이 그렇게 측정되기 이전에 그 자체로 존재할 것이라는 것을 의미한다.

이제 엔네아데스 III, 7의 9에서 마지막으로 플로티노스는 아리스토텔레스의 시간을 다른 관점에서 비판한다.17) "왜 시간은 그것을 측정하는 영혼이 있기 전에는 존재하지 않는 것인가?" 플로티노스에 의하면 실제에 있어서 시간이 존재하기 위해서 사람이 그것을 측정할 필요는 조금도 없다.

거듭 말하자면 시간의 객관적 지속은 객관적으로 실재하는 사물의 지속과 맞먹는 것이다. 그래서 그것을 측정하고 셈하고 수량화하지 않더라고 시간은 그 자체로서 존속하는 것이

---

17) Enneades III 7,9,78.

다. 그렇다면 시간을 측정하기 위해서 '크기를 사용하는 것'은 우리의 영혼이고 이 영혼이 시간이라고 말할 것인가? 운동을 측정하는 것으로 숙고된 영혼이 시간이라고 말한다면, 어떻게 이것이 시간의 개념을 형성하는데 우리를 도울 수 있겠는가?

지금까지 살펴본 바와 같이 아리스토텔레스가 내린 시간의 정의와 이에 이르기까지의 시간에 관한 소론은 시간 자체의 본성과 그 있는 바, 시간의 진상을 밝히는 데 미흡한 바 있음을 족히 알 수 있다. 그러기에 그것을 플로티노스는 비판적으로 검토함으로써 시간인 바의 것 즉 시간의 본성 및 그 진상을 찾아 나서고 있는 것이다.

## 2. 플로티노스의 시간 본질

### 가. 영원으로 부터의 시간유출

플로티노스의 시간에 관한 독자적인 이론은 그 기초적인 세계이해의 결과이다. 그래서 플로티노스는 시간에 관한 모든 물리적인 견해들 특별히 아리스토텔레스의 시간정의를 비판적으로 분석한 뒤 "우리가 영원 안에 존재한다고 말하는 상태로 돌아가야 한다"[18]라고 말한다. 이 상태라는 것은 바로 '일자' 속에 근거하고 또 그것에로 향하는, 불변하고 동시적으로

---

18) Enneades Ⅲ 7,11,1.

전체로 주어진 무한하고 '절대적인 삶'이다.

이것은 다름 아닌 영원이 실현되는 '정신(Nous)의 단계이다. 그런데 아직 '정신의 세계'에는 시간이 존재하지 않는다. 왜냐하면 플로티노스철학의 두 번째 근본원리인 누우스 즉 정신은 모든 존재와 모든 존재의 원천을 초월해 있는 원초적인 '일자'를 향하고 있는 고정되고 불변한 것이기 때문이다.

시간이 있다면, 그것은 이 '정신적인 존재'다음으로 나온다. 이 '다음'이란 말은 '정신적인 존재'보다 열등하고, 그리고 이 '정신적인 존재'에 의존해 있는 존재의 단계에 속한다는 의미에서 '다음'이다. 그래서 '정신적인 존재'들이 본질적으로 정지상태에 있다면 우리는 어떻게 시간이 이들로부터 맨 먼저 하강되었을까?19) 하고 물어야 한다.

이에 대해서 플로티노스는 "뮤즈(Muse)의 여신들이 아직까지 존재하지 않았기 때문에 우리는 시의 형태로 그들에게 요청할 수 없다. 그러나 아마 우리는 어떻게 시간이 출현하였고, 시간이 탄생하였는가를 시간자체에게 물을 수 있을 것이다"라고 한다.

플로티노스는 그 결과를 엔네아데스 제III권, 7,1112-45에서 시간이 영혼으로부터 유출되었다는 서술을 가지고 자신의 논지를 시작한다. 정신적인 존재의 모사에 의해서 감각의 세

---

19) Enneades III 7,11,6.

계를 만드는 영혼은 영원대신에 시간을 산출하면서 무엇보다
도 먼저 자신을 시간적이게 한다. 그래서 영혼은 '정신적인 존
재'의 것이 아니지만 이것과 닮은 운동을 가지고 움직이는, 그
리고 그 정신적이 존재의 영상이고자 하는 감각의 세계 자체
를 시간 속에 존재케 하고, 시간 내에 감각의 세계의 모든 발
전을 포함케 함으로써 감각의 세계를 시간의 노예로 한다. 왜
냐하면 감각의 세계는 영혼 안에서 움직이므로 (이것은 영혼
이외의 다른 장소를 가지지 않는다), 그것은 영혼의 시간 속에
서 움직이기 때문이다. 이같이 감각의 세계가 자신 안에서 움
직이는 영혼은 그 작용 및 동작을 차례로 다양한 계승 속에서
이룩함으로써, 그것은 이 작용에 따라서 계승을 산출한다. 더
욱 영혼은 자신이 전에 존재하지 않았다고 표명하는 선행되는
작용에 이어서 다른 사고의 작용에 따라서 계속한다. 왜냐하
면 산출된 사고의 작용이나 영혼의 현 삶이 그것이 전 상태와
유사하지 않기 때문이다.

그래서 이 영혼의 현 삶은 그의 선행한 삶과 같지 않다. 따
라서 삶의 다른 국면에 의해서 '다른 시간'이 있게 된다. 그러
므로 삶의 다름은 시간을 내포하고, 또한 이 삶의 연속적인 발
전은 시간의 연속성을 내포한다. 그래서 또한 과거의 삶의 과
거시간을 갖는 것이다.

이리하여 플로티노스는 "시간은 삶의 한 상태에서 삶의 다른

상태로의 변이의 운동 속에 있는 영혼의 삶"20)이다 라고 한다. 이것이 바로 플로티노스의 시간의 정의이다.

그래서 플로티노스에 있어서 영원으로부터 시간의 유출은 정신적인 영역으로부터 우주의 생성에까지의 영혼의 하강에 관계없이 이해될 수 없다. 영원이 '정신의 삶'인 것같이, 시간은 정신으로부터 그 자체를 분리하는 것으로 숙고되고, 연속과 변화를 포함하는 존재를 시작케 하는 '영혼의 삶'인 것이다.

우리가 만약 정신이 품위에 있어서 우선이고, 영혼은 세 번째의 신적인 근본원리로서 정신에 의존해 있음을 기억한다면, 시간과 영혼보다 먼저 정신을 생각할 수 있을 것이다. 그런데 영혼이 정신의 명상 속에 머물러 있다면, 영혼이 자신의 힘을 행사하기 전까지는 시간은 존재하지 않을 것이다.

그렇다면 왜 영혼은 항상 최고의 완전성과 영원한 삶을 갖고, 모든 존재를 포함하는 '정신의 명상'속에 남아 있지 않는가. 이것에 대한 해답은 바로 왜 시간이 정신적인 삶의 불변성 대신 존재하는가를 우리에게 말해준다. 그것은 영혼의 힘이 완전하고 무한하고 그리고 영원히 자기 내포적인 존재의 명상만을 가지고 만족하지 않는다는 데 그 이유가 있다.

그 힘은 자신의 작용을 통해서 영원의 단일성 대신에 다양성과 연속을 포함하고 있지만, 변화의 세계에 가능한 한도에

---

20) Enneades Ⅲ 7,40-45..

서 영원의 영역을 모사하는 우주를 산출하기를 갈망하는 것이
다. 다시 말해서 영혼의 힘은 정신의 '최상의 세계' 속에 머물
러 있는 것으로 만족하지 않고, 정신적인 존재의 완전한 단일
성을 다양성의 세계로 바꾸어 놓고자 하는 것이다. 그래서 이
영혼의 작용의 산물은 영혼의 명상의 대상인 정신적인 세계의
모사 안에서 산출하는 감각적인 세계인 것이다.

　이와 같이 영혼이 다양성의 영역 안으로 하강하고, 정신적
인 세계의 모사 안에서 그 결과를 산출하기 위해서 영원을 명
상하고 있는 상태에서 하강해야 되고, 그 자체를 시간적으로
만들어야 한다.

　그렇다고 해서 영혼이 그 자신의 삶을 시간 속에 두지 않는
다. 왜냐하면 그것이 삶의 양상이 시간이기 때문이다. 그러나
감각적인 세계 속의 모든 결과는 틀림없이 시간 속에 있다. 왜
냐하면 영혼은 그 자신의 삶을 통해서, 그리고 그 삶 속에서
모든 것을 산출하기 때문이다. 그래서 세계와 이것의 모든 발
전은 시간 속에 있는 것이다.

　더군다나 세계 속에서 영혼을 그 원리로 하지 않은 운동은
있을 수 없기 때문이다. 그래서 '영혼의 삶'은 영혼이 명상하는
존재의 세계를 다양성으로 이동시킴에 의해서 자신의 결과를
산출하는 사고의 하나라고 할 수 있고, 감각적 세계 속에 연속
을 산출하는 사고의 작용이다. 따라서 시간은 영혼의 삶과 함

께 발전하는 것이다.

결과적으로 우리는 플로티노스가 자신의 세 가지 신적인 근본원리라는 관점에서 플라톤의 다양한 진술을 종합했다고 할 수 있다. 그는 이 근본원리를 빛으로 해서 영원은 '일자'속에 머물면서, 그것에로 향하는 '정신적인 세계의 삶'이다라고 설명한다.

이것은 바로 시간은 수에 따라서 진전하지만, 영원은 단일성 속에 머무른다는 플라톤의 주장으로부터 기초한 것이다. 그래서 우리는 이렇게 말할 수 있다. 영원이 정신적인 세계의 삶이다라는 것이 플라톤의 진술을 그 토대로 한다면, 플라톤이 '영원의 영상'이라고 부른 시간은 플로티노스에 있어서 '영혼의 삶'이다. 그래서 플로티노스는 플라톤과 같이 '존재의 종속관계(hierarchie)' 속에 시간이 존재한다는 것을 보여주는 것으로 시간을 설명한다. 하지만 그 존재의 종속 관계는 플라톤의 것보다 더욱 엄밀하므로 시간은 쉽사리 명확한 위치를 가진다.

## 나. 시간과 영혼의 삶

플라톤적인 기원을 가지고 있는, '시간은 영원의 영상'이라는 주장은 전체로서의 세계가 그것의 모델의 영상이라는 것과 유사한 것이다. 그런데 감각적인 세계의 사물들만 시간적인 것이 아니라 영혼도 역시 시간적이다.

그러므로 앞에서 우리는 영혼은 그 자체를 시간적이게 하고, 그런 까닭에 '영혼의 삶'이 '영원한 영상'이라고 언급하였다. 그러면 이 영원의 영상이란 말은 무엇을 의미하는가? 플로티노스는 엔네아데스Ⅲ, 7,11의 45~49에서 시간과 영원을 비교하면서 시간을 보다 완벽하게 설명하고자 한다.

구체적으로 플로티노스는 어떻게 시간이 영원의 영상인가를 보다 명확하게 보여주고자 한다.[21] 만약 영원이 정지와 동일성 속에 있는 삶, 자기 내포적인 무한성이고, 시간은 감각적 세계가 정신적인 것을 모사하는 것처럼 그 영원의 영상으로 존재해야 된다면 우리는 '정신적인 삶' 대신에 영혼의 창조적인 힘에 속하는 삶으로서 시간을 생각해야 한다. 다시 말해서 정신에 고유한 운동 대신에 영혼의 몫의 운동으로서, 자기 동일성 대신에 항상 다르게 되는 작용과 변화로서, 불가분성과 단일성 대신에 연속성 속의 단일성의 영상으로서, 완전하고 무한한 전체 대신에 지속적이고 무한한 연속으로서, 동시적인 전체 대신에 부분적으로 존재에 이르는 전체로서 우리는 시간을 생각해야 한다.

그러므로 우리는 "정신의 영역에서 영원이 정신의 존재 밖에 존재한다고 생각할 수 없는 것처럼, 시간이 영혼의 밖에 존재

---

21) Enneades Ⅲ 7,11,45.

한다고 생각할 수 없는 것이다"22) 이것은 단순히 시간이 영혼의 부산물이라는 것이 아니라, 정신적인 존재에 있어서 영원과 유사하게 영혼 속에서 드러나고, 그 속에서 존재하고, 영혼과 하나된다는 것이다. 또한 위와 같이 정신의 삶 즉 영원과 영혼의 삶 즉 시간은 상호 구별되어 다섯 가지 양상으로 대별된다. 그래서 시간은 감각적인 세계가 정신적인 세계를 모사하는 것처럼, 우주 안에서 영혼의 삶인 시간은 정신의 삶인 영원을 모사한다. 그래서 무엇보다도 정신은 영원의 양상인 것이다. 왜냐하면 그것은 삶의 종류이기 때문이다.

플로티노스는 지금까지 살펴본 것으로부터 "시간의 본질을 영혼의 '삶의 연장'"23)으로서 파악해야 된다라고 한다. 이 연장은 한결같고 일정불변의 변화 속에 계속되고, 영혼의 작용인 연속성 때문에 일어나는 것이다. 그래서 우리가 영혼의 이 힘을 정신적인 것에로 되돌리고, 그것의 현 삶을 중단하게 하는 것은 불가능하다. 이 영혼의 삶은 중단될 수 없고 그칠 수 없다. 왜냐하면 영혼의 작용은 자기중심적이 아닌 산출과 발생을 하는 것이기 때문이다.

그런데 만약 우리가 영혼의 작용이 그치고 영혼의 역할이 정신적인 영성과 영원에 되돌아간다면, 영원이래 무엇이 존재하겠는가? 우리가 말하는 '전'과 '후'가 무슨 의미를 가지겠는

---

22) Enneades Ⅲ 7,11,59.
23) Enneades Ⅲ 7,12,1.

가? 영혼이 고유한 산출작용을 더 이상 행하지 못한다면 영원
한 존재의 부동한 평온 이외는 아무것도 존재치 않을 것이
다.24) 또한 그래서 시간이 탄생하기 전에는 하늘의 천체가 존
재하지 않기 때문에 영혼의 주의를 받을 하늘의 천체가 결코
존재하지 않을 것이다. 왜냐하면 하늘의 천체는 시간 속에 존
재하고 시간 속에서 자신의 운동을 취하기 때문이고, 만약 전
체가 정지하게 될지라도 영혼이 영원의 밖에서 작용하는 한,
이 정지의 연장을 측정할 수 있기 때문이다.

이렇게 보면 시간은 감각적인 것의 운동에로 향한 영혼의
하강에 의해서, 또한 이렇게 시작하는 영혼의 삶에 의해서 산
출된다는 것이 명백해진다. 이것이 바로 영혼이 우주와 더불
어 시간을 발생시킨다는 이유에서 플라톤이 시간은 우주와 함
께 동시적으로 존재하게 된다고 말한 이유이다. 영혼의 작용
속에서 함께 시간뿐만 아니라 우주가 발생하게 되고, 그리고
우주가 시간 속에 있는 한, 영혼의 작용은 시간이다.

그러므로 플로티노스는 천체가 영원의 단일한 완전성으로
부터 하강에 의한 영혼의 작용에 의해서 산출된다는 이유에
서, 그것은 시간 속에 존재하고 시간 안에서 움직인다는 것을
지적하고 있다. 그리고 우리는 천체가 시간을 산출하는 것이
아니라, 반대로 천체를 산출하는 것으로서의 시간을 주목해야

---

24) Enneades Ⅲ 7,12,10-15.

만 한다.

왜냐하면 천체의 운동이 중단될지라도, 우리는 영혼이 아직 작용한다면 천체의 정지의 연장을 측정할 수 있기 때문이다. 이럼으로써 이곳에서 플로티노스가 보여주고자 한 것은 시간은 천체가 아니라, 영혼의 작용을 근거로 해서 그 존재가 달려 있다는 것이다.

시간이 우주와 함께 시작했다는 플라톤의 진술은 바로 이 시간과 우주가 둘 다 영혼의 작용에 의해서 발생된다는 것으로 플로티노스에게 들어와 있다. 왜냐하면 플로티노스에게 시간은 영혼의 작용이고 우주는 시간 속에 있고, 또한 이 영혼의 작용이 필연적인 산물인 우주를 함축하고 있기 때문이다. 그래서 시간과 우주는 함께 존재하는 것이다. 전자는 자체 속에 우주가 존재한다는 것으로서 그렇고, 후자는 시간이라고 불리는 영혼의 작용으로부터 필연적으로 발생한 산물로서 그렇다. 하지만 플라톤에게 있어서는 우주가 영혼의 작용에 의해서 발생한 것으로 말해지지 않고, 어떤 영혼의 작용이라기보다는 오히려 천체에 시간이 관련된다.

## 3. 플로티노스에 있어서 정신의 구조

### 가. 신적인 정신의 본성

세계의 구조가 이성적인 구조인 한 그것을 설명하기 위해서 신적인 정신(Nous)을 요청해야 된다는 사고는 희랍철학에서 공통적인 현상이었다. 하지만 비록 고대의 대부분의 철학자들이 신적인 정신의 존재를 요청했을 지라도 이 신적인 정신이 서술되는 방식에 대해서는 그들 사이에 많은 차이점이 발견된다. 이러한 관점의 차이점의 토대 위에 플로티노스는 자신의 고유한 자리를 구축한다.

우리는 먼저 포르피리우스의 시대적론적 순서에 따라 그 다섯 번째 논고인 엔네아데스 V.9에서 정신의 존재와 그 본성, 그리고 이념과의 관계에 대해서 플로티노스의 명확한 논증을 발견할 수 있다. 이 논고에서 플로티노스는 첫 번째로 정신이 존재하는 바의 것으로 인식되고, 플라톤적인 이념들을 내포하고 있고 결국 정신은 이 플라톤적 이념들과 동일하다는 것을 논증하고 있다.25)

먼저 정신은 분리된(choristos)26)어떤 것으로 존재한다. 플로티노스가 이러한 점을 논증하기 위해서 따른 방향은 엔네아데스 V.9.2에서 잘 드러나는데 그것은 플라톤이 심포지움 (210a-212a)에서 기술한 절대적인 미에로 향하는 상승 즉 감각적인 것의 미부터 영혼의 미에로의 상승과 영혼을 초월한 절대적인 미에로의 상승이다.

이러한 플라톤적인 상승에서 플로티노스가 소요학파의 말

---

25) Enneades V 9,3,1-8.
26) Enneades V 9,3-4

마디들을 채용하고 있다는 것은 지적할 만한 일이다. 특별히
Choristos 라는 말마디는 아리스토텔레스에 의해서 사용된
전문용어이다. 게다가 대부분의 논증은 질료와 형상에 의한
복합된 존재들의 분석 뒤에 근거하고 있다.

영혼은 그것이 육체 안에 형상의 원인이라는 의미에서 형상
이다. 다시 말해서 인간 영혼은 인간 육체 안에 있는 형상의 원
천이다. 그런데 아리스토텔레스는 바로 이 영혼 안에서 질료 즉
가능적인 것과 생산적인 요소를 잘 구별한다. 이것은 정신이 영
혼에 내재적인 것이거나 혹은 초월적인 것임을 의미한다.

이 초월적인 것이 아리스토텔레스가 바로 "분리되는 순수한
그리고 현실태 안에서 있는 본질적인 것, 불멸하고 영원한
것"27)이라고 부르는 정신이다. 플로티노스 역시 질료에 내재
적인 형상과 형상을 주는 초월적인 존재를 잘 구별한다. 초월
적인 존재로서 정신은 현실적인 것이 가능적인 것을 앞선다는
아리스토텔레스적인 원리에 따라 영혼과 다른 것이다 또 그것
을 앞서는 것이다.

그 결과 플로티노스는 '분리된' 것으로서 정신이 있다는 것
을 확보한다. 플로티노스에게 있어서 영혼자체는 질료이다.
영혼에 있는 정신은 분리된 정신에 의해서 생산된 형상과 같
은 것이다. 이것은 예술가가 질료 안에서 하나의 형상을 생산

---

27) Aristote, De Anima, 430a17-25.

하는 것과 같은 방법이다. 그러므로 영혼 안에 있는 정신은 아리스토텔레스의 수동적인 정신으로서 형상을 결여하지 않는다. 또 영혼은 그가 알고 있는 형상들을 감각적인 것들로부터 이끌어낼 필요가 없고 그것을 분리된 정신으로부터 받는다.

"영혼의 형상인 수동적인 정신이 있다. 그리고 영혼에게 형상을 제공하는 능동적인 정신이 있다. 그러므로 이 정신이 영혼에게 준 것은 참된 실재와 가까운 것이다. 그러나 육체가 받은 것은 이미지이고 모상일 뿐이다."28)

"동일한 원리를 우주에 적용하면 우리는 역시 정신에로 올라갈 수 있다."29) 영혼이 세계를 조직한다. 이 활동은 하나의 기법(art)즉 인식의 총합, 영혼을 안내하는 지혜를 전제한다. 플로티노스는 영혼이 사물을 조직화하는 데 있어서 그 근저가 되는 지혜는 본성적으로 영혼에게 속하지 않는다는 것을 보여준다. 영혼은 이 지혜에 의해서 형상화된다. 영혼은 자신과 세계로부터 독립되어 있는 정신에 의해 지혜의 능력에로 인도된다. 영혼이 세계를 구조하면서 채용하는 지혜의 모델들과 우주론적인 원리들은 영혼이 당연하게 소유하는 것이 아니다. 이 지혜의 가능성이 영혼 안에 실현되기 위해서는 영혼은 그 자신의 고유한 가능성이 있기 전에 있는 현실태에 의해서 움직여질 필요가 있다.

---

28) Enneades Ⅴ 9,3,33-37.
29) Enneades Ⅴ 9,3,24

이 먼저 있는 현실태는 순수하고 모든 가능성으로부터 자유롭다. 플로티노스는 이것을 신적인 정신과 동일시한다. 바로 이것이 영혼의 지혜를 현실화하는 것이다. 영혼은 스토아학파의 이성과는 다른 부동하고 자신을 초월하는 영원한 지혜의 기능에 의해서 세계를 구조한다. 이 지혜는 정신의 지혜로 그것의 불변성은 모든 가능성으로부터 자유롭고 순수한 현실태이다.

이 신적인 정신의 현실태는 바로 플라톤의 이념들이다. 그러므로 정신은 이념들의 지혜를 영혼에게 통교한다. 그런데 영혼을 초월한 이 지혜는 또는 이념들은 신적인 정신의 사고이다. 이 신적인 정신은 아리스토텔레스의 순수현실태, 부동의 제일 운동자와 유사한 것으로 드러난다. 하여튼 이러한 논의는 세계의 합리적인 구조화를 위해서 영혼에 의해 선전제된 신적인 정신이 스토아학파의 의견과는 반대로 세계로부터 독립되어야 한다는 결론에 이르게 된다.

또 이 정신은 지혜를 본원적인 기능으로서 소유하고 있다. 즉 말해서 영혼에 의해서 추종되는 모델들로서 형상들의 인식을 소유하고 있는 것이다.

그러므로 플로티노스는 정신이 형상들의 지혜를 인식할 뿐만 아니라 형상들을 포함하고 있고 더 나아가서는 그것들과 동일하다는 것을 논증하기를 원한다. 그런데 이 형상들은 이념들 즉 플라톤의 진정한 존재들이다.

그러나 플로티노스 시대에 신적인 정신과 형상들 사이에 관계에 대해서 플라톤주의자들 가운데 심각한 차이점들이 있어왔다. 일련의 사람들에게는 형상들은 신적인 정신의 전에 있는 것이었다. 말하자면 그것들은 자신들을 사유하는 정신으로부터 독립되어 존재한다는 것이다. 그것들은 정신의 전에 또는 정신의 바깥에 존재하는 것이다.

이런 관점은 플로티노스학교에서 Amelius에 의해서 자신이 설복되기 전까지 포르피리오스(Porphyrios)에 의해서 주장되었다. 그리고 아테네의 포르피리오스의 옛 스승인 롱진(Longin)은 다른 관점을 주장한다. 그에 따르면 형상들은 신적인 정신들의 후에 존재한다. 그리고 세 번째 의견은 알치누스(Alcinous)안에서 이미 발견된 것으로서 신적인 정신과 형상이 동일하다는 것이다.

결과적으로 형상들은 신적인 정신의 사유라는 것이다. 플로티노스는 이러한 세 번째 입장을 엔네아데스 V 9,5에서 주장하고 있다.[30] 이곳에서 사용되는 논의 방식은 아리스토텔레스가 신적인 우시아가 그것의 사유작용의 대상이어야 한다는 것을 증명하기 위해서 사용된 것으로 분리된 정신의 우시아가 그것을 인식하고 있는 것과 동일하여야 한다는 것을 증명하기 위해서 플로티노스에 의해서 사용된다.

---

30) Enneades V 9,5,1-7

정신이 세계로부터 분리되어 존재하기 때문에 정신은 사유의 고유한 대상이어야 한다. 이런 점은 이미 아리스토텔레스에 의해서 강조되어 왔다.31) Albinus처럼 플로티노스는 자신의 대상과 동일한 사유작용의 아리스토텔레스적인 인식주체에 의해서 영향을 받고 있다.

그러나 플로티노스는 신적인 정신 안에 있는 사유자체가 이념들의 사유라고 주장함으로써 아리스토텔레스로부터 떨어져 나온다. "정신은 스스로 자신을 사유한다. 그리고 그 자체 속에서 진정한 존재들을 사유한다. 왜냐하면 그것은 이 진정한 존재들을 감각적인 사물 속에서 사유하지 않기 때문이다. 말하자면 정신이 사유한 것은 진정한 존재들 즉 플라톤의 이념들이다."32)

그러므로 플로티노스는 정신과 정신적인 세계와의 접근을 시도하여 정신과 존재를 동일시한다. "정신은 진정한 존재자체들이다. 그것들은 정신의 앞이나 후에 있는 것이 아니다. 그러므로 다음과 같은 논리가 형성된다 ; 존재하는 것과 생각하는 것 그것은 동일한 것이다 ; 질료가 없는 존재들의 지식은 그 대상과 동일하다."33) 정신과 정신적인 것은 단일한 것이고 동일한 실재이다. 단지 사유가 그것들을 대상과 주체로 구분

31) Metaphysique XII, 1074b15-1075a11
32) Enneades V 3,5,11-13.
33) Enneades V 9,5 26-31

한다. 설사 정신에 대해서 이념들의 우선성을 주장할 수 있을 지라도 정신과 이념들은 하나의 본성을 구성한다. "정신과 존재는 하나를 만든다."[34] 우리가 여기서 다시금 지적할 수 있는 것은 플로티노스가 아리스토텔레스적인 정신의 주체적인 기능에 영향을 입어 그 논법에 의해서 정신과 이념들의 동일화 내지 일치화를 이끌어 냈다는 것이다. 즉 이런 양자 사이의 동일성은 신적인 정신의 현실태에 의해서 증명된 것이다.

그러나 플로티노스는 아직 실제적인 난점을 피하지 못하고 있다. 신적인 정신이 그 스스로 자신을 사고하는 한 하나이다. 그러나 동시에 자신의 사고의 대상을 구성하는 형상들의 다양성으로서는 여럿이다. 그렇다면 어떻게 신적인 정신이 동시에 하나이고 여럿일 수 있는가?

플로티노스는 이러한 어려움을 인식하지 못하고 있는 것은 아니었다. "저 곳에 모든 존재들은 모두 함께 있다 그럼에도 불구하고 분리되어 있다."[35] 하지만 정신에 고유한 다양성은 공간적이지 않는다.

정신적인 서로 다른 대상들은 육체가 그러는 것처럼 공간에 의해서 서로간에 분리되지 않는다. 신적인 정신과 이념들은 비질료적인 형태의 다수적 단일성(l'unité multiple)을 구성한다.

---

34) Enneades Ⅴ 9,8 16-17
35) Enneades Ⅴ 9,6,2

이런 다수적인 단일성은 우리에게 익숙한 경험의 수준에서
도 인식할 수 있다. 이러한 낮은 수준의 다수적 단일성은 씨앗
들에서 유사하게 나타난다. 씨앗은 하나이나 씨앗이 개화되었
을 때 나타나는 능력의 다양성을 이미 내포하고 있다. 이러한
방법으로 정신은 자신을 사고함으로써 하나이고 동시에 지혜
를 구성하는 이념들을 생각함으로써 여럿이다.

만약 플로티노스가 아리스토텔레스의 정신을 제일의 전제
로 삼지 않는다면 그것은 정신의 현실태가 함축하고 있는 다
수성 때문이다. 그러므로 아리스토텔레스와의 차이점은 정신
의 단일성이 신적인 정신과 사고의 대상 즉 이념들로 구성되
어 있다는 이유로 인하여 플로티노스가 신적인 정신을 실재의
궁극적인 원리로 인정하지 않는데 있다. 그러므로 신적인 정
신은 플로티노스가 일자(hen)라고 부르는 제일의 원리를 전
제한다.36)

플로티노스는 다수적인 단일성인 정신을 제일의 원리로서
취급하는 아리스토텔레스와 그 제자들을 V.6(24)에서 비판
하고 있다. 아리스토텔레스는 형이상학 A권 9장에서 최고의
실재를 "사고의 사고"또는 "자기 자신의 사고"로서 규정한다.
이 문맥에서 두 가지 뚜렷한 점이 있다. 그것은 자신의 사고보
다 더 우월한 사유는 존재하지 않는다는 것(1074B31-35)이

---

36) Enneades V 9,2,23-27

고 다른 하나는 자신의 사고는 최고의 실재(1074B17-18)라는 것이다.

아리스토텔레스의 최고의 선 그리고 제일의 원리는 적어도 다수성으로부터 자유롭다. 게다가 그는 사고의 사고가 완전하게 단순한 실재라고 믿는다. 그런데 그가 옳다면 선 또는 일자가 사고의 사고로서 인식될 수 있는가? 플로티노스는 아리스토텔레스의 논리에 두 가지 것을 첨가함으로써 사고의 사고를 넘어서서 일자를 전제한다.

"자신을 스스로 보는 존재는 자신의 본질로부터 분리되지 않는다. 그 존재는 자신과 일치하기 때문에 자신 스스로 자신을 본다. 즉 말해서 그것과 자신의 대상은 유일한 존재를 만든다. 존재는 사유한다. 왜냐하면 그가 사유한 것을 소유하기 때문이고 사유하는 존재는 동시에 둘이다. 만약 그것이 하나가 아니라면 생각하는 존재는 사유되는 존재와 다를 것이다. …그러므로 이러한 것은 사유하는 존재와 사유되는 존재는 동시에 둘이다. 만약 그것이 하나가 아니라면 생각하는 존재와 사유되는 존재와 다를 것이다. …그러므로 이러한 것은 사유하는 존재와 사유되는 존재가 하나를 만들게 한다. 다른 한편 존재가 하나이고 둘이 아니라면 그것은 생각하지 않는 것이고 사유하는 존재가 되지 못할 것이다. 그러므로 그것은 단순하나 동시에 단순하지 않을 필요가 있다."37)

다시말 하면 스스로 자신을 사유하는 존재는 그가 사유하는 것이 자신인 한 하나이다. 그러나 그가 사유하는 한 이중화 없이 사유가 불가능함으로 둘이다. "그것은 둘이다. 그것이 사유하기 때문이다. 그것은 하나이다. 왜냐하면 그것은 자신을 스스로 생각하기 때문이다." 따라서 자신의 사고 즉 정신은 단일성 속의 이중성이다.

이러한 정신의 성격을 증명하기 위해서 플로티노스는 빛과의 유비를 사용한다. 만약 우리가 보는 빛과 보여지는 빛이라는 두 개의 빛을 전제한다면 이들은 상호간에 동일하다. 이 두 빛 사이의 분리는 그것들이 더 이상 다르지 않음으로 사라진다. 그러므로 이 두 빛으로는 하나로 일치하고 그리고 동시에 둘로 남아난다는 것이다.

그렇다면 단일성 속에 이중성인 정신이 최상의 실재 또는 제일의 원리인가? 이 정신에 앞서서 순수한 단일성이 있는 것이 아닌가? 있다면 왜 사유하지 않는 순수한 단일성이 자신의 사유 즉 이중적인 단일성 전에 존재해야만 하는가? 우리는 몇 가지 논의를 V 6,2-6에서 발견할 수 있다.

그 첫 번째 논의는 2장에서 발견되는데 그것은 논리적이라기보다는 직관적인 일자에로 향하는 플로티노스의 상승을 설명하는 전형적인 서론으로 시작한다. "사유하는 존재는 두 가

---

37) Enneades V 6,1,4-14.

지 종류가 있다. 그것은 바로 원초적인 의미에서의 사유하는 존재와 또 다른 의미에서의 사유하는 존재가 있다는 것이다. 그러나 첫 번째 의미로 취해진 사유하는 존재를 초월하는 것이 있는데 이것은 더 이상 사유하는 존재가 아니다"[38] 그런데 일자는 하나의 "정신적인 것"으로 서술된다. 이것은 그가 마지막으로 이 말마디를 일자에게 적용시킨 것이다. 이전에는 단지 Ⅴ 4에서 한번 적용시킨 사례가 있다. 하지만 일자가 정신적인 것으로 언급되나 사유하는 것이 아니다. "정신적인 대상을 소유하고 있는 정신은 만약 우리가 정신적인 것의 존재(ousia)를 인정하지 않는다면 존재할 수 없다. 여기서 나는 정신의 대상인 한에 있어서 정신적인 것을 말하기를 원하지 않는다. …(Ⅴ6,2,7-16)" 이 구절 속에서 플로티노스는 단순하게 어떤 정신도 아리스토텔레스적 말마디로 표현된 '최상의 우시아'가 될 수 없다는 것을 보여주고 있다.

여기에 멈추지 않고 다수적인 것이 첫 번째가 될 수 없다는 즉 다수성 전에 먼저 일자를 가져야 된다는 플로티노스적인 원리들에 대한 토론들이 계속된다.

"다수성이 있다면 이것 이전에 단일성이 있어야만 한다. 그러므로 만약 사고하는 존재가 다수성이라면 사고는 다수성이 아닌 것 안에 존재할 필요가 없다. 이러한 단일한 것을 첫 번

---

38) Enneades Ⅴ 6,2, 1-2

째라고 한다. 그러므로 사고와 정신은 그것 이후에 오는 존재
들이다."39)

　게다가 만약 선이 단순하고 결핍이 없는 것이라면 그것은
사고를 필요로 하지 않는다. 그가 필요로 하는 것은 그에게 속
하지 않는다. 아무것도 절대적으로 그에게 속하지 않는다. 그
러므로 사고는 그에게 속하지 않는다. 하지만 일자가 어떠한
정신작용을 필요로 하지 않는다고 말하는 것은 설사 그것이
정신작용을 가지고 있지 않다 할지라도 어떤 것을 결핍하고
있다는 것을 말하는 것은 아니다. 정신작용을 가지는 존재는
그것이 스스로 충분하지 못하기 때문이다. 그리고 그것이 어
떤 것을 결핍하고 있다는 것이다.

　이러한 점은 V 6의 5장에서 전개되고 있다. 자기 자신을 추
구하는 다수는 그 자신에게로 향하여 집중하기를 원하고 자기
자신을 인식하게 된다. 그러나 절대적인 것은 '그 자신에게로
향하여 이탈할' 필요가 없고, 그 자신에 대한 어떠한 인식도 필
요로 하지 않는다. 그리고 이것이 자신에 대한 인식을 넘어선
것이라면 정신작용도 초월한 것이다.

　그러므로 정신작용은 그 자기 자신에 대한 추구로서 일자가
정신작용 없이 가지고 있는 단일성에로 향하는 이중성의 비상
으로서 드러난다. 그런데 만약 정신작용의 행위가 이러한 '이

---

39) Enneades V 6,3,20-23

탈의 추구', '그 자신에 대한 이탈'이라면 선 자체를 향하여 인도되는 운동이다.

"사고의 행위는 존재의 질서 속에서 원초적이지 않는다. 그것은 두 번째 서열이다. 그것은 선이 그것을 존재하게 했기 때문에 산출되는 것이다. 이러한 운동 속에 사고는 본다. 사유하는 것은 선으로 향하여 움직이는 것이고 그것을 바라는 것이다. 이러한 욕구는 사고를 탄생시키고 이 사고를 선과 함께 존재케 한다. 보려는 욕구는 비전을 탄생시킨다. 그러므로 선 자체는 자신을 사유의 대상으로 하여 존재할 수 있는 것을 가지지 않는다."40)

마지막으로 플로티노스는 선에 대한 아리스토텔레스적인 개념 즉 현실태(energeia)를 취하여, 아리스토텔레스에 대한 직접적인 거부에 이르게 된다.

"선은 움직이지 않는다. 선이 현실태라면 어떻게 그것이 움직일 수 있는가, 하나의 현실태는 어느 것도 부가됨이 없이 그스스로 존재할 수 있다. 그러나 일자를 현실태로서 부르는 것은 그것을 노에시스로서 부르는 것을 의미하지 않는다. 그러므로 첫 번째 현실태는 사고가 아니다. 그것은 첫 번째이기 때문에 사고할 어떤 것을 가지고 있지 않는다."41) 아리스토텔레스가 그의 첫 번째 현실태를 정신작용 즉 말해서 '사고작용의

---

40) Enneades Ⅴ 6,5,5,-11
41) Enneades Ⅴ 6,6,8-9

사고작용'으로서 부른다 할지라도 그것은 본질적으로 상대적인 현실태이다. 플로티노스는 계속해서 "사고하는 것은 사고를 가지는 것이다. 따라서 사유하는 주체 속에 두가지 것이 필요하다."42) 라고 말한다.

아리스토텔레스의 첫 번째 현실태는 사유한다. 말하자면 첫 번째 현실태는 현실태를 소유한다. 그러므로 그것은 최고의 실재가 아니다. 따라서 플로티노스는 전통을 받아들이고 동시에 거부하고 있다. 그는 정신을 존재론자(ontologiste)로서 받아들여 그것이 최상의 완전한 존재(ens perfectissimum)임을 인정한다. 그러나 그는 그것을 일원론자(henologiste)로서 부정한다.

따라서 참존재가 하나라면 완전한 실재는 다수성 없이 존재해야 한다. 하지만 플로티노스는 자기에게 영향을 준 일련의 선행자 없이 전통으로부터 벗어나는 것은 아니다. 최상의 완전성(선)은 존재를 초월해서 존재한다는 플라톤의 직관에 의해서 참된 완전성은 초월적인 단일성에 속한다는 입장을 유지하는 것처럼 보인다.

실제로 그는 하나의 실재가 정신을 넘어선다고 믿는 중기 플라톤니스트들에게 빚을 지고 있다. 그러나 의심할 나위 없이 완전한 체계 속에서 초월적인 실재에 대한 잠정적인 시각

---

42) Enneades V 6,6,9-11

들을 본격적으로 체계화하는 것을 플로티노스이다.

## 나. 정신의 현실태로서의 삶(zoe)

정신은 다수적인 단일성이다. 왜냐하면 그것이 가능태 안에
서 아니라 현실태 속에 있기 때문이다. 그러나 정신의 대상인
존재 또한 하나의 현실태이다. "그러므로 정신의 현실태와 존
재의 현실태는 유일한 현실태이다. 그래서 정신과 존재는 하
나이다. 존재와 정신은 하나의 본성을 가진다.…"43) 따라서
플로티노스는 현실태에 의해서 정신과 존재들 사이의 단일성
을 확보한다. 그렇다면 어떻게 우리는 가능태에 대해서 정신
의 현실태의 개념을 이해할 수 있는가? 현실태란 말마디는 개
별적으로 규정된 본성을 의미한다. 한 마디로 가능태에 대해
서 우선성을 가지는 우시아의 일종이다. 그래서 현실태는 있
는 바의 것 존재의 개체성을 구축하는데 관계한다.

그런데 이러한 현실태에 대한 연구는 바로 엔네아데스 Ⅱ
5(25)이다. 그러나 이것은 거의 감각적이고 정신적인 질료에
그 논의 중점이 맞추어 있어 직접적으로 정신 자체의 관계 하
에 현실태에 대해 언급한 것을 찾기 힘들다. 게다가 플로티노
스는 전문적이고 추상적인 방법으로 일관함으로 난해한 부분
들의 연속이다. 하지만 이 논고 속에서 플로티노스는 중요한

---

43) Enneades Ⅴ 9,8,15-20

네가지 말마디의 의미를 작업하고 있다. : 가능태 속에 존재 (to dunamai on), 현실태 속에 존재(to energeia on), 가능태(he dunamis), 현실태(he energeia).44)

그는 이 4가지의 개념들을 정신적인 세계에 적용하여 각 말마디들을 전문적으로 구별하고 있다. 그래서 이런 말마디들의 사용법은 모든 논고들 속에 확실하고 용의주도하게 사용된다.

플로티노스는 "가능태 속에 존재"45)를 정의한다. 그것은 이미 다르게 있는 것 이후 어떤 것이 될 수 있는 것이다. 어떤 것이 외적인 한 원인으로 우연적이고 또는 본체론적인 형상을 받을 수 있을 때 우리는 가능태 안에 있는 것이다. 따라서 가능태 안에 존재는 확실히 수동적인 의미에서 가능태이다. 실체가 되기 위해서 다른 것에 의해 형상화되는 것이다. 두 번째로 현실태 안에 존재는 가능태 안에 있는 존재에 반대되는 것이다. 그것은 형상에 의해서 완전하게 된 존재에 관계한다.46)

그러나 현실태 안에 존재는 현실태 안에 존재의 한 구성요소인 형상 그 자체와는 다른 것이다. 따라서 현실태 안에 존재는 감각적인 존재들과 정신적인 존재들을 내포하고 있다. 이 정신적인 존재들 또한 구성적이기 때문이다.47) 이어서 플로

---

44) Enneades Ⅱ 5,1-2
45) Enneades Ⅱ 5,1,10-15.
46) Enneades Ⅱ 5,1,26-29
47) Enneades Ⅱ 5,2,10-15

티노스는 "만약 가능태 속의 존재가 기체이고 또 동상과 같은 현실태 속의 존재가 기체와 형상의 한 쌍이라면 청동 안에 있는 형상을 어떻게 부를 것인가?"라고 묻는다. 그는 계속해서 "그에 대해서 현실태라는 이름을 주는 것이 바람직하다. 이것에 따라 동상이 현실태 속에 있고 더 이상 가능태 속에 있지 않는다. 그것은 절대적으로 취해진 현실태가 아니라 규정되는 그런 존재의 현실태이다."48)라고 언급한다.

여기에서 보면 현실태는 형상(ousia, eidos)를 뜻한다. 현실태는 가능태 속에 존재가 받는 형상이다. 또 가능태 안에 존재는 현실태를 위한 기체이다. 현실태는 외부적으로 가능태 속의 존재에 이르고 기체와 함께 합치됨으로 복합물을 산출한다. 즉 현실태 속에 존재를 산출한다. 마지막으로 가능태는 현실태에 대응하는 것으로 가능태 속에 존재와 같이 수동적이지 않고 능동적인 가능태이다. 즉 현실태를 산출하고 받기 위한 자신의 고유한 완전성에 의해서 존재하는 능력이다. 그런데 가능태 속에 존재와 가능태 자체와의 사이의 차이점은 난해한 몇 구절들에서 표현되어 있다.

그러나 이러한 짧은 설명들은 전체 논고를 이해하기 위한 기초적인 것이 된다. "우리가 확실하고 고유하게 현실태라고 부를 수 있는 다른 현실태가 있다.…49)" 그런데 정신에 관계

---

48) Enneades Ⅱ 5,2,26-31
49) Enneades Ⅱ 5,2,31-36

되는 것은 지금까지 살펴본 네 가지 관점에서 어디에 속한 것
인가? 플로티노스는 V 9,5,1에서 "정신은 현실태 속에 있고
현실태이다. 정신은 그가 생각할 수 있는 가능태로부터 사유
하는 현실태로 넘어가지 않는다. 왜냐하면 그것이 다른 앞에
오는 정신 즉 가능태에서 현실태로 넘어가지 않는 다른 정신
을 필요로 하기 때문이다."50) 만약 그렇다면 어떻게 우리가
정신의 현실태의 양상들을 설명할 수 있는가?

정신 속에 들어 있는 현실태의 몇 가지 양상들 가운데 생동
적이고 능동적인 특징이 때때로 토론되어 왔다. 즉 정신의 현
실태는 삶이다. 플로티노스는 정신의 현실태를 삶으로서 서술
하면서 정신의 본질이 삶임을 말하기를 원한다.

그러나 정신의 현실태를 구성하는 이 삶은 구체적으로 어떠
한 것인가? 이렇게 정신을 삶의 것으로 사유하는데 플로티노
스에게 준 영향은 스토아학파의 역동적인 생도주의와 신적인
정신의 삶에 대한 아리스토텔레스의 사유, 그리고 플라톤의
소피스트(246E-249)이라고 생각된다.

특히 플로티노스는 정신 자체의 삶에 대한 정의를 위하여
일런 범위 내에서 정신에게 삶을 귀속시키는 아리스토텔레스
를 추종한다. 아리스토텔레스는 강하게 자신의 최고 정신의
생동적인 특징을 잘 묘사하고 있다.

---

50) Enneades Ⅱ 5,3,25-27

"삶 역시 신에게 속한다. 왜냐하면 정신의 현실태는 삶이기 때문이다. 또 신은 이것과 동일한 현실태이다. 이 현실태는 자기 속에 존속하고 완벽하고 영원한 삶이다"[51]

그러므로 플로티노스는 아리스토텔레스적인 용어로서 정신의 삶을 묘사한다.

"저곳의 삶은 정신의 현실태이다"[52]

또한 우리는 아리스토텔레스 안에서 삶으로서의 정신의 현실태가 사고작용(noesis)임을 발견한다. 신의 삶은 사고작용과 동일시된다. 그러므로 신의 삶으로서 완벽한 삶은 현실태로서의 완벽한 사고작용이 되어야 한다. "만약 인간의 수준에서 가장 높은 활동은 바로 정신작용 자체이다. 이러한 것으로부터 완벽하게 살아있는 것은 실제적으로 항상 생각하는 것 속에 있다. 따라서 신은 완벽하고 영원한 삶이다. 완벽하게 살아있는 것은 정신작용의 상태이다. 지속적인 정신작용을 가지는 것은 지속적인 삶이다"[53] 동일한 방법으로 플로티노스에게도 정신은 순수현실태이다. 왜냐하면 그의 본질 자체가 노에시스이기 때문이다. 결과적으로 정신의 현실태가 노에시스이기 때문에 정신은 본질적으로 그리고 절대적으로 생각하는 것이다. 플로티노스는 Ⅲ 8에서 삶과 정신작용의 관계를 완벽

---

51) Metaphysique Ⅻ 7, 1072b27
52) Enneades Ⅵ 9,9,17
53) Metaphysique Ⅻ 7,1072b 14-31

하게 정리한다. 관상(contemplation)과 관상의 대상은 정신의 단계에서 하나로 존재해야 한다. 왜냐하면 생각하는 것과 존재하는 것은 동일한 것이기 때문이다.

그러나 이러한 논의는 플라톤의 티마이오스뿐만 아니라 아리스토텔레스의 반향으로 보여진다. 아리스토텔레스는 말하기를 "삶은 신에게 속한다. 왜냐하면 사고의 현실태는 삶이고 신은 현실태이기 때문이다."라고 한다. 또 플로티노스는 동일한 생각을 플라톤적인 방식으로 접근한다. 먼저 관상의 대상의 측면에서, 관상의 대상이 살아 있는 어떤 것이라면 이것은 단순하게 개별적으로 살아있는 존재가 될 수 없다. 이것은 삶그 자체가 되어야 한다.54)

다음으로 주체의 측면에서 정신활동인 관상은 역시 첫 번째 사고, 첫 번째 삶이라는 이유에서 살아 있는 것이다. 그러므로 관상과 관상의 대상은 서로 다같이 살아 있는 것이고 삶들이다. 이 두 가지는 모두 하나를 이룬다. 이렇게 두 가지 것 사이에 단일성을 증명하는 데서 플로티노스는 정신의 삶이 정신활동이라는 것을 아리스토텔레스의 구성에 따라 설명하고 있다. "의심 없이 삶들은 다른 종류의 사고들이다. 식물의 삶이 있고 감각으로 이루어진 동물의 삶이 있다. 영혼으로 이루어진 존재의 사고가 있다. 어떻게 사고들이 있는가? 그렇다 이성들이

---

54) Enneades III 8,8,8-15

있음으로 모든 삶들은 사고이다. 그러나 이런 사고는 다소간에 어두운 삶이다. 그러나 지금 문제되고 있는 삶은 전적으로 현현된 삶이다."55) "만약 가장 참된 삶이 사고에 의한 삶이라면 또한 만약 이 삶이 가장 참된 사고와 동일하다면 가장 참된 사고는 살아있는 것이다."56) 정신작용은 삶으로서의 정신의 현실태이다. 그것은 가능태가 아니다. 그러므로 그것은 영원한 것이다.

우리는 또한 Ⅴ 4,2에서 정신의 현실태가 정신작용(noesis)이라는 것을 발견한다. 이러한 정신의 묘사는 대단히 중요하다. 왜냐하면 정신의 본질적인 구조와 일자와의 관계에 관한 세부적인 것을 함축하고 있기 때문이다. 만약 노에시스가 정신의 본질적인 현실태라면 정신은 완전하게 사고하는 것이다. 자신의 본질이 사고하는 것인 존재는 단순하게 사고하는 힘을 가지지 않는다. 그는 그 스스로에 의해 사고한다. 다른 말로 하면 노에시스는 정신의 현실태이다. 그러므로 그것은 영원한 것이다. 왜냐하면 가능적으로 생각하는 것은 시간 속에 있기 때문이다.

지금까지 것을 통해서 보면 삶에 대한 플로티노스의 설명 가운데 정신작용과 정신의 현실태는 어떤 의미에서 아리스토텔레스의 설명과 유사하다. 그런데 플로티노스가 동시적으로

---

55) Enneades Ⅲ 8,8,16-18
56) Enneades Ⅲ 8,8,26-29

플라톤의 영향하에서 정신의 삶을 운동으로서 설명함으로써 아리스토텔레스를 넘어서고 있다. 이것은 중요한 의미를 가진다. 아리스토텔레스는 자신의 신 즉 정신을 운동으로서 발견하지 못한다. 왜냐하면 그것은 신의 우주론적인 역할을 어둡게 하기 때문이다. 하지만 플로티노스는 운동의 종류로서 정신작용을 사고하고 이것을 정신에게 속하게 한다. 그러므로 이제 우리는 삶 즉 사고작용이 운동이라는 사실이 정신적인 것의 현실태라는 관점에서 분석해야 할 것이다.

### 다. 정신적인 것의 현실태로서의 삶

만약 우리가 형상들을 신적인 정신의 사고로서 해석한다면 몇 가지 반대론이 제기될 수 있다. 예를 들어 우리가 형상들이 정신에 의해서 사고될 것이라는 사실에 의해서 형상들의 존재가 정신에 전적으로 의존하게 되는 위험이 있지 않을까? 라는 의문이 가능하다.

그러나 신적인 사고가 형상들의 현실태로서 파악된다면 형상들의 독립성이 보존될 수 있을 것이다. 형상들은 죽은 대상들이 아니다. 그것들은 그들의 현실태인 하나의 삶을 가진다. 형상들이 '진정한 존재'이므로 그것들은 감각적인 것을 특징짓는 점진적인 소멸로부터 자유로운 존재를 소유하고 있다. 이 존재는 사고하는 현실태의 존재이다. "우리는 저곳에서 모델

로서 영원, 그 자체들의 내적인 인식 그리고 삶을 가지고 있는
모든 정신적인 것들을 본다."57) 정신적인 세계가 살아있다는
사상은 소피스트 248E에까지 소급할 수 있다. 또한 티마이오
스 37D1 안에서도 파라데이그마는 살아있는 존재로서 서술된
다. 또 이 살아있는 존재는 본래적으로 삶과 사고에 관계한다.
플로티노스는 그가 플라톤 속에서 발견한 것을 자신의 고유하
고 특징적인 방법으로 발전시킨다. 그래서 플로티노스의 정신
적인 세계는 삶으로 현란하고 각 형상은 그 자신의 삶을 가진
다. 그러나 물리적인 우주의 삶과는 반대로 정신적인 세계의
삶은 지속적이다.

소피스트에 따르면 '실제적인 존재'는 삶과 영혼·운동·정
신을 껴안고 있다. 특별히 플로티노스는 이러한 플라톤적인
형식을 스토아학파의 질료주의에 반대하기 위해서 사용한다.
그는 "존재는 돌과 나무와 같이 죽은 것이 아니다. 왜냐하면
그것은 삶과 정신을 가지고 있기 때문이다."58)라고 말한다 이
렇게 반스토아학파의 논쟁가운데 소피스트의 구절이 가장 특
징적으로 드러난 구절은 Ⅲ 6,6,10-32에서 잘 드러난다. 여기
서 플로티노스는 존재를 삶과 정신으로서 정의한다. 그런데
소피스트 248e에서 플라톤이 묘사한 특징들 가운데 정신과
삶만이 존재를 정의하는데 택하여 졌다는 것은 아주 특징적이

---

57) Enneades Ⅴ 1,4,7.
58) Enneades Ⅳ 7,9,23: Ⅴ 4,2,44: Ⅵ9,2,24

다. 결과적으로 플로티노스에 있어서 존재하는 모든 것은 살아있고, 살아있는 것은 생각한다.

이러한 삶과 정신으로서 존재의 정의는 정신자체의 것인 삶의 정의에로 향하게 된다. 존재는 현실태이다.59) 그런데 이러한 현실태는 삶으로서 자신을 드러낸다. "모든 존재는 현실태 안에 있고 현실태이다. 그리고 모든 것은 삶으로 있다. 저곳에 장소는 삶의 장소이다. 참된 영혼과 정신의 원리이며 원천이다."60) 그러므로 정신적인의 현실태는 삶이다. "정신적인 것들은 현실태이다. 이것은 가능태 안의 존재가 아니고 삶이 부재한 것도 아니다. 적어도 삶과 사고만이 속하는 그러한 것이다."61)

삶에 대한 이러한 입장은 카테고리 또는 범주들에 대한 토론에서 아주 독창적으로 드러난다. 플로티노스의 장르들은 플라톤의 소피스트로부터 왔다는 것은 잘 알려진 사실이다. 그는 플라톤으로부터 다섯 가지 장르를 수용한다. 그리고 동시에 플라톤으로부터 자신의 고유한 시각으로 드러내고 있다. 플라톤에 있어서 megista gene는 형상들이다.

그러나 플로티노스에게는 제일의 장르 각각이 하나의 형상인지 의심스럽다. 말하자면 존재(ousia)는 플라톤에서 그러했

---

59) Enneades Ⅱ 5,3,30~33.
60) Enneades Ⅱ 5,3,35~40
61) Enneades Ⅴ 3,5,55

던 것처럼 확실히 형상이 아니다. 그것은 정신과 동일시되는
것으로 정신적인 실재를 구성하고 있는 형상들의 하나가 아니
다. 또한 동일성과 이타성과 마찬가지로 운동, 정지는 정신의
능력인 사고의 현실태의 두 가지 양상이다. 그러므로 플라톤의
장르들은 아리스토텔레스적인 사고의 스케마와 합치됨으로써
그들이 정신의 대상들 가운데 포함된다는 그런 의미에서 형상
들이 아니다. 그들은 정신이 자신의 활동 가운데서 함축하고
있는 방식을 밝히고 있다는 것이다. 다시 말해서 장르들은 노
에시스를 설명하고 있는 것이지 노에톤이 아니다. 정신은 이중
성 속에 있는 단일성이다. 그런데 이러한 정신을 위해서 장르
들을 가질 필요가 있는 것이다. 말하자면 사유하는 것과 사유
된 대상을 구별하기 위해서 그리고 사유된 것들의 그들 상호관
계를 상호 구별하기 위해서 이타성이 요구되고, 또 이것들이
그 자체로 하나의 단일성이기 위해서 동일성이 요구되고, 사고
가 동일하게 항상 남아나기 위해서 정지가 필요하게 된다. 또
그 사고 즉 정신이 사유함으로 운동이 요구된다.

　그러므로 플라톤의 장르들은 정신의 현실태들이 된다. 특별
히 운동은 주체의 정신작용으로 나타난다. 플로티노스는 운동
을 정신에 귀속시킨다. 플로티노스가 정신의 삶과 현실태가
정신작용임을 주장한 나머지 그는 또한 운동이 정신작용을 의
미한다는 것을 전제할 필요가 있었다. 이러한 전제는 특별히

정신의 운동이 멈춘다면 정신작용이 더 이상 있지 않을 것이라는 관찰에 의해서 확인된다.

"정신이 멈춘다면 그것은 더 이상 사유하지 않는 것이다. 부동하게 되자마자 생각하는 것을 멈출 것이다. 결과적으로 그것은 더 이상 존재하지 않을 것이다."62)

더 나아가서 정신작용으로서 운동은 삶이다. 그러므로 "정신은 능동적인 사유이고 이것의 운동은 보편적인 삶을 포괄하는 보편적인 사유이다."63)

이러한 장르에 대한 사상은 "존재의 장르에 관하여(VI 2)"에서 아주 완벽하게 드러난다. 이 논고는 존재의 장르를 다루고 있는 하나의 작품(VI 1,VI 2, VI 3)의 두 번째 글이다. 플로티노스는 VI 1에서 아리스토텔레스와 스토아학파를 비판한 후에 VI 2에서 존재의 장르에 관한 플라톤의 이론을 변론하고자 한다. 그런데 이러한 변론은 플로티노스로 하여금 정신적인 세계에 대한 그 자신의 고유한 시각에 따라 그 이론을 조절하도록 요구한다.

VI 2는 소피스트 254d-257a에서 플라톤이 언급하고 있는 다섯 가지 장르 즉 운동(kinesis), 정지(stasis), 존재(ousia), 같은 것(tauton), 다른 것(heteron)을 그 기초로 정신적인 세계에 대한 카테고리 이론을 세부화한다. 이 논고

---

62) Enneades VI 7,13,37-40
63) Enneades VI 7,13,40-43

의 처음3장(1-3)은 '존재의 장르'라는 표현의 의미를 정확하게 규정하기 위한 예비적인 추구이다.

존재는 가장 보편적인 형상들인 몇 가지 장르를 내포한다. 왜냐하면 그것들이 정신적인 것의 구성 요소이기 때문이다. 그러므로 플라톤의 다섯 가지 장르는 정신적인 존재의 구성적인 원리들이다. 이 장르들은 논리적으로 서로 상호간에 독립적이고 또한 서로 동일하다. 그래서 장르들의 논리적으로 서로 상호간에 독립적이고 또한 서로 동일하다. 그래서 장르들의 단일성은 더 높은 장르에 예속한 결과가 아니라 일자에로의 참여의 결과이다.

다음으로 4-8장의 다섯 장에서 이러한 장르들이 어떤 것인지를 묻는 질문에 대한 대답을 시도한다. 이러한 것은 정신적인 존재가 다수성을 포함하는 단일성임을 파악하기 위한 것이다. 정신의 단계에 위치한 소피스트의 다섯 가지 장르에 이르기 위해서 플로티노스는 육체로부터 출발하여 영혼으로 이어진다. 왜냐하면 육체와 영혼은 정신적인 것의 다수성 속의 단일성을 파악하기 위한 유용한 유비이기 때문이다. 특별히 영혼은 불완전한 자신의 형식하에서 정신적인 존재의 단일성을 나타내주고 있기 때문에 유용하다.

영혼은 우선 하나의 총체이다. 이 속에서 정신은 일련의 구별을 야기시킨다. 영혼이 하나의 장르 즉 존재에 의해서 정의

될 수 있고 또한 세부적인 차이 즉 삶에 의해서 정의될 수 있음으로 정신은 그곳에서 한편으론 존재를 다른 한편으로 운동을 구별한다. 또한 정신은 영혼이 그 자신과 동일하게 남아있고 자신의 형상을 유지하게 때문에 정지를 영혼 속에 본다.

영혼으로부터 정신으로 옮겨가서 우리는 정신 속에 있는 삶뿐만 아니라 한 장르 즉 운동을 서술해야 한다. 왜냐하면 삶 또는 정신작용은 바로 운동이기 때문이다. 또한 정신은 존재이다. 하나의 완전자로서 독립적인 실재로서의 존재이다. 그런데 두 가지 즉 운동과 존재는 운동과 존재가 정신적인 세계의 두 가지 양상들이라는 이유에서 첫 번째 장르들이다. 이들은 동일하다. 그러나 논리적으로 상호 구별된다. 운동은 존재로부터 구별되지 않고 존재에 예속되지 않는다. 왜냐하면 그것은 존재의 현실태이기 때문이다.

존재는 현실태이며 존재가 현실태이기에 이런 이유에서 존재는 운동이다. 그렇지 않다면 존재는 가능태 속에 있을 것이다. 그러므로 운동과 존재는 구별되지 않는다. 왜냐하면 운동은 존재의 현실태이고 존재는 자기의 현실태 없이 있는 것이 아니기 때문이다. 이들은 단지 사고에 의해서 분리된다. 다른 한편 운동이 존재를 동반한다면 정지는 운동을 동반해야 한다. 그러므로 정지 또한 존재의 장르이다. 왜냐하면 정지 없이 존재가 영원하지 않고 그 자신이 동일성 속에 남아나지 못하기 때문이다.

정지와 운동이 존재와 같이 동일한 것인 반면에 정지와 운동은 논리적으로 서로 구별된다. 그러므로 정지와 운동은 존재와 함께 장르들로서 숙고되어야 할 것이다. 따라서 정신적인 존재의 장르로서는 세 가지가 있다. 그것은 바로 존재·운동·정지다. 이 장르들은 정신에 의해서 알려지고 정신 속에 존재한다. 또한 이 세 가지 장르는 단일성 속에서 함께 존재하지만 그들은 서로 상호간에 구별된다.

따라서 차별화를 의미하는 것은 역시 존재의 한 양상이다. 다른 한편 존재와 운동, 정지가 하나라는 것을 구현하는 것은 우리가 존재이 한 부분으로 동일성을 만들어야 할 것이다. 그러므로 우리는 동일한 것과 다른 것을 세 가지 장르에 첨가해야 한다. 그러므로 정신적인 세계는 다섯 가지 장르들 또는 형상들로 구성되어 있다.

장르들 중에 첫 번째는 존재이다. 왜냐하면 정신은 완전하게 분리된 실재이기 때문이다. 두 번째는 정신이 영원한 삶이고 정신작용이기 때문에 운동이다. 세 번째는 정신이 영원한 존재 또는 형상들에 의해서 구성되기 때문에 정지이다. 네 번째와 다섯 번째는 동일한 것과 다른 것이다. 왜냐하면 정신은 존재들의 복합성(다수성)에 대한 단일한 정신작용(단일성)이기 때문이다.

그러므로 장르들의 각각은 순수현실태인 정신자체의 상호 구별되는 양상들은 논리적으로 대변하고 있다. 이런 의미에서 각각은 정신의 현실태이다. 특별히 존재의 현실태인 운동은 삶 즉 정신작용이다.64) 우리는 삶이 정신적인 것들의 현실태로서 영원한 운동이라고 말할 수 있겠다.

첫 번째 장르들, 가장 보편적인 형상들은 단순히 변증론의 최고의 대상들 즉 형상들이 아니라, 살아 있는 정신의 본질을 가장 완전하게 드러내주는 우시아들이다. 이런 첫 번째 장르들의 변형된 이해는 운동에 의해서 잘 증명된다. 플라톤은 제일장르로서 운동을 정신작용의 운동과 동일하게 하지 않는 것으로 나타나지만 그 반면에 플로티노스에게는 정신적인 세계에서 이러한 동일화는 기초적인 것이 된다.

그러므로 플로티노스는 정신적인 세계에서 논리적으로 구별되는 두 가지 양상 모두 즉 noesia와 noeta에 대한 자신의 설명 속에 운동을 내포시킨다. 운동은 영원한 noesis이다. 또 이 운동은 noeta에 관여한다. 왜냐하면 각 형상들은 하나의 정신이기 때문이다. 더 나아가서 다른 장르들 각각도 어느 방식으로든 정신의 이중적인 양상 가운데 하나 내지 둘을 함축하고 있다.

지금까지는 정신의 구조를 밝히기 위해서 정신의 본질로부

---

64) Enneades Ⅵ 2,8,11-12

터 출발하여 정신적인 세계의 이중적인 삶의 양상을 추구하여
왔다. 플로티노스가 소피스트로부터 영향을 받을 때는 삶은
존재의 현실태로 드러나고 아리스토텔레스의 영향 밑에서는
삶은 정신작용과 동일시된다. 즉 삶은 정신의 현실태가 된다.

만약 플라톤이 원한 것처럼 존재가 하나의 삶이라면 아리스
토텔레스가 원한 것처럼 사고 또한 하나의 삶이다. 정신의 현
실태로서의 삶은 정신작용이다. 또한 정신적인 것의 현실태로
서의 삶은 운동이다.

그러나 이 두 현실태는 하나의 유일한 현실태이다. "존재 또
한 하나의 현실태이다. 그러므로 정신의 현실태와 존재의 현
실태는 유일한 하나의 현실태이다. 오히려 정신과 존재는 하
나를 만든다. 존재와 정신은 하나의 본성이다. 다시 말해서 존
재들, 존재의 현실태와 정신은 하나의 본성을 이루고, 사유들,
이념 즉 존재의 형상과 존재의 현실태는 하나이다."65)

## 4. 플로티노스에 있어서 영원의 비시간성

플로티노스의 "영원과 시간에 관한 논고 Ⅲ, 7"는 시간에 대
한 고대사상의 역사 속에서 한 장을 차지한다. 이것의 독창성
은 일차적으로 플로티노스의 그리이스의 시간이론에 대한 비
판에서 표면화된다.

---

65) Enneades Ⅴ 9,8,15-19

그러나 본격적인 그의 고유성은 W. Beierwaltes가 "영원에로의 시간의 존재론적 환원"이라고 부르는 데 있다. 과거철학의 시간의 개념, 특별히 아리스토텔레스의 시간이 '세계 내재적'이라 한다면 플로티노스는 초월적인 모델 즉 영원에서부터 출발하여 시간의 형이상학적 기초를 제안하고자 하였다. 그러기 위해서 플로티노스는 그의 선각자들 중에서 직접적으로 인용하고 있지는 않지만 플라톤과 그의 '시간은 영원의 움직이는 영상'이라고 묘사한 티마이오스 37d를 사고의 출발점으로 삼는다. 그래서 '영원과 시간에 관한 논고'라는 플로티노스의 논문을 티마이오스 37d의 한 구절에 대한 하나의 주석이라고 말할 수 있겠다.

영상으로서의 실재를 인식한다는 것은 실재가 그것의 영상인 모델과의 관계성 속에서 파악됨을 의미한다. 그러므로 그런 영상을 파악하기 위해서는 모델을 인식하는 것이 필요 불가결하다. 이러한 점은 만약 우리가 시간이 무엇인지를 알고자 한다면, 영원이 무엇인지를 구성해 냄으로써 시작해야 되는 이유이다. 그런데 이런 계획은 플로티노스의 형이상학적 입장의 재현이고, 역사적으로는 바로 플라톤에 관계되고 플라톤을 넘어서서 파르메니데스에게까지 거슬러 간다.

이 장에서는 이러한 입장에서 논의된 영원의 개념에 대한 전통을 소박하게 따라 내려오면서 플로티노스의 영원에 대한 독창적인 견해에 주목하고자 한다.

## 가. 파르메니데스 단편 8,5

영원은 어떻게 정의되어야 하는가? 서구 사상에 있어서 영
원의 개념은 아주 일찍이 소크라테스 전철학자인 파르메이데
스 안에서 나타난다. 그는 "진리의 길"이라는 시편에서 비세목
화된 주어 "그것"에 대해 토론한다.

이 "그것"에 관한 논의 가운데 우리의 문제와 관계된 시구는
아리스토텔레스의 물리학에 대한 주석 안에서 Simplicius에
의해서 보존된 단편 8,5이다.

"oude pot' en oud' estai, epei nun estin homou pan" (그것은
전혀 있었다가 아니고 있게 될 것이다도 아니다. 그것은 모두 함께
'지금' 있는 것이다.)

이러한 '있었던 것'과 '있을 것'의 부정은 어떤 영원의 개념의
표현하는가? 이러한 영원의 개념에 대한 해석은 R. Sorabji
교수에 의하면 8가지 종류로 나누어진다. 그러나 그것은 크게
두 가지로 나누어지는데 영원한 것들이 모든 시간들을 걸쳐서
존재한다는 지속의 개념과, 이것과는 반대로 그것들이 무시간
적이라는 관념이다.

그렇다면 '지금'있는 영원한 존재는 무한한 지속이나 비지속
적인 영원성 가운데 어느 해석이 가능한 것인가? 앞서서 무시

간적이라고 말한 비시간적인 해석이 가능한 것인가? 우리는 이러한 물음의 답이 선택될 수 있는 길을 열기 위해서 두 가지 다른 입장을 다음과 같이 정리할 수 있다고 본다.

1) M. Schofield을 위시한 몇몇 학자들은 파르메니데스의 주어가 영속적인 지속을 갖는다는 시도를 하고 있다. 이들은 'pot'를 영어의 'ever'가 아니라, 'once'의 뜻을 가진다고 해석한다. 그러므로 단편 8,5의 "그것"은 "어떤 때에 존재했었으나 지금은 더 이상 존재치 않다거나 어느 날 존재할 것이나 아직 존재하는 것이 아니다"라는 것이 부정되는 것으로 해석된다.

따라서 파르메니데스의 주안점은 그의 주어가 이미 사라진 것이 아니고 창조되기를 기다리는 것도 아닌 영속적인 것이라는 것이다. 무시간성이 아니라 단지 주어의 시간적인 영속성을 뜻한다는 것이다. 이러한 입장을 취한 자들은 그런 해석을 뒷받침하기 위해 그 근거를 8,5 바로 다음 부분들 즉 8,6-21이 발생과 파괴를 논박하는데 집중하고 있다는 것에서 찾는다.

D. O'Brien교수 역시 동일한 입장으로 "지금 존재하는 파르메니데스적 존재는 발생과 파괴가 면제된 존재이다. 이런 의미에서 그것의 존재는 과거나 미래의 한 순간에 구획되어지지 않는 것이다."라고 한다. 다시 말해서 그것은 모든 계승과 모든 시간적 공간적 연장을 내포하고 있지 않는 비시간적인

것이 아니라, 지속이라는 것이다.

다른 시각이지만 J. Whittaker 역시 비지속적인 영원성의 개념에 대한 플로티누스전의 역사에 대한 검토에서 "파르메니데스는 비지속적인 영원에 대한 학설을 거의 설파할 수 없었다."라고 언급한다.

2) 이러한 해석에 대한 반대입장은 최근 R. Sorabji 교수의 '지금'에 대한 비시간적인 해석에 의해 구체화된다. '그것'이라는 주어는 존재한다. 그런데 그것은 있었다나 있을 것이다가 아니다. Sorabji교수는 이러한 '그것'에 대한 과거와 미래의 부정은 바로 시간에 혹은 어느 시점에, 혹은 어느 동안이라는 시간 안에 존재하는 것이 아니라는 뜻을 가지고, 그런 이유에서 '그것'은 무시간적인 것이다라고 해석한다.

이어서 있었다나 있을 것이다와 구별되어 나타나는 'nun estin' 역시 시간적으로 구성될 수 없는 것이다. 'nun estin'은 바로 homou pan를 동반하여 취해진다. 이것은 파르메니데스의 주어가 단계적으로 시기에 따라서 존재하는 것이 아니라, 모두 함께 존재하는 것이라는 관념을 표현하고 있는 것이다.

그렇다면 우리는 'nun estin'의 기능이 연장되지 않는 것이라는 관념을 표명하고 있음을 알 수 있다. 'nun estin'에 대한 이러한 해석은 그것이 비시간적인 것임을 가능케 한다.

Sorabji 교수는 또한 뒤따라오는 단편 8,6-21이 파르메니데스의 영원에 대한 첫 번째 해석을 근거 지우고 있다는 태도와는 달리 바로 8,6-21도 8,5에 대한 비시간적인 해석과 모순되지 않는다고 주장하고 있다.

### 나. 플라톤: 타마이오스 37c6-38c3

파르메니데스 이후 영원의 개념은 그것이 형상에서 기인한 것이라 본 플라톤으로부터 대두된다. 이 플라톤의 영원개념에 대해서도 다양한 해석이 가능하다. Whittaker가 보여주는 것과 같이 플라톤은 많은 대화록에서 형상들을 무시간적인 것으로 표상하려는 어느 시도도 없이 형상들을 단순히 언제나 (aei)존재하는 것으로 언급하고 있다.

그러나 예외적인 대화록은 바로 '파르메니데스'와 '타마이오스'이다. 이 '파르메니데스'를 단지 토론의 목적에 준해서만 살펴본다면, 플라톤은 파르메니데스를 일자에 관해서 패러독스들을 창조하는 것으로 묘사한다. 한 구절(140E-142A)에서 파르메니데스는 그의 일자가 시간 안에(en chronoi)존재하는 것이 아니고 그리고 시간 안에 참여하지 않는다고(oude chronou autoi metestin, medamei medenos metechei chronou)주장하고 있다.

이처럼 일자가 시간 안에 존재하지 않는다고 말하는 이유는

역으로 시간에 존재하는 무엇이든지 언제나 상호간에 늙어지
거나 젊어지거나 똑같아진다는 것이다. 그런데 이러한 어느
것도 일자에게는 참이 될 수가 없다.

이러한 개념은 또한 "티마이오스"에서 발견된다. 그러나 이
것은 파르메니데스의 일자가 아니라 플라톤의 이상적인 형상
들에게 관련하게 된다. 우리는 이상적인 형상들을 그 모델로
한 창조, 다시 말해서 살아있고 움직이는 물체로서의 세계에
대한 신의 창조를 묘사하고 있는 다음 구절(37c6-38c3)에서
플라톤의 영원의 의미를 조명할 수 있을 것이다.

"세계를 생산한 아버지는 영속적인(aidioi) 신들의 창조된 영역(靈
域) 즉 세계가 움직이고 살아(zon) 있음을 보았을 때, 그는 즐거워했
고, 그 기쁨 속에서 그것을 더욱더 그것의 모델과 유사하게 만들려고
계획했다. 그래서 그는 영속적(aidios)이고 살아있는 존재(zoon)인
이 모델과 같이 이 우주를 가능한 한 영속적인(aidios) 살아있는 존재
로 만들고자 하였다. 그런데 살아 있는 존재의 실체는 영원하고
(aionios), 그리고 생성된 것 위에 완전하게 영원을 증여하는 것이 가
능하지 않았다. 이런 연유에서 그는 영원(aion)의 움직이는 영상을
만들기로 계획했다. 그는 천상들을 질서 지우는 동안 동시적으로 단
일성 속에 머무르고 있는 영원의 영상 즉 수에 따라서 움직이는 그리
고 영원한(aionios) 모사를 만들었다. 이러한 영원의 영상을 우리가
시간이라고 부른 것이다. 사실로 천상들이 존재하게 되기 전에는 낮
과 밤들, 달과 해들이 실재하지 않았고, 그가 천상들을 구축할 때 그
것들의 존재를 창조했다. 이러한 것들은 시간의 모든 부분들이고 '있
었고'와 '있을 것'은 시간의 창조된 형태들이다. 우리가 이 형태들을
영속적인(aidios)인 존재에 적용하는 것은 그것의 본질을 모르는 것

이다. 왜냐하면 우리가 영속적인 존재가 있었고, 있고, 있을 것이라고 말할 것이기 때문이다. 그러나 진정 '있음'만이 그것에게 고유하게 속할 뿐이다. '있었고'와 '있을 것'은 시간 안에서 진행하는 발생(genesis)에 관해서만 언급된다. 왜냐하면 그것들은 운동(kineseis)들이기 때문이다. 그러나 동일한 상태로(kata t'auta echon) 부동하게 (akinetos) 언제나(aei) 있는 것은 시간을 통해서 더 늙어지고 (presbuteron) 또는 더 젊어지게 되는 것이 아니다. 또한 그것은 그렇게 한때 있었던 것이 아니고, 그렇게 지금 있는 것으로 완결된 것도 아니고, 미래에 그렇게 있게 될 것도 아니다. 사실인즉 그것은 발생이 감각지각의 움직이는 대상에 부여한 어떠한 속성에도 속하지 않는다. 그런데 이러한 속성은 영원(aion)을 모방하는 그리고 수에 따라서 회전하는 시간의 형태들로서 존재하게 된다. 본 바와 같이 이 시간은 천상들과 동일한 순간에 존재한다. 이것은 함께 창조된 그 양자가 그들의 분리가 있어야 될 적에 함께 분리되기 위해서이다. 그리고 천상들은 그들이 가능한 한 그 모델과 유사한 것으로 존재토록 하기 위해서 영원한(diaionios) 본질의 모델과 일치되게 만들어졌다. 왜냐하면 모델은 영원(aion)으로부터 존재하게된 것이고 반면에 창조된 천상들은 모든 시간을 통해서 있게 된 것이고, 있는 것이고, 있을 것이기 때문이다."

그렇다면 플라톤의 영원의 개념은 어떠한 것인가? 앞에서 인용한 구절의 많은 부분들이 이상적인 형상들이 무시간적이라는 의미에서 영원하다는 것을 제안하고 있다. 그래서 플라톤은 그가 단지 영상으로 취급하는 시간과 영원(aion)을 구별하여 '있었고' 또는 '있을 것'이 형상들에게 적용될 수 없고, 형상들은 더 늙거나 젊게 되는 것이 아니라고 본다.

그러나 다른 한편 '무시간적'이라는 해석에 반하여, 형상들이 영속적인 지속을 가진다는 의미에서만 영원하다는 다른 해석들이 있다. 다른 해석 가운데 비중 있는 첫 번째 것은 살아 있는 우주의 이상적인 모델이 '살아 있는' 존재라고 불려지므로 그 모델이 지속을 함축하고 있다는 것이다. 그러나 살아있는 존재로서의 형상은 필연적으로 사물과 동일한 의미에서 살아 있는 존재가 아니다.

'큰 사물들'의 형상이 그 형상에 참여하고 있는 사물과 같은 동일한 의미에서 큰 것이 아닌 것이다. 또한 두 번째는 37D7에서 플라톤이 뜻밖에 시간에게 '영원한'(aionios)이라는 형용사를 붙인다는 점이 지적된다. 이것은 우리에게 영원이 지속을 내포하고 있음을 가리키는 것이 아닌가 하는 의구심을 가지게 하는 것이다. 그러나 이러한 것은 그것이 가능케 된 일정한 제한 조건하에서 이해되어야 한다. 즉 발출된 사물 위에 완전한 의미에서의 영원을 증여하는 것은 가능하지 않고, 단지 영원의 영상이라는 차원에서만 증여가 가능하다고 보아야 한다는 것이다.

그러므로 시간이 직접적으로 영원한 것이라고 언급된다면 이것은 모델과 다른 방법으로 이해되어야만 할 것이다. 그래서 이 모델만이 무시간적이라는 의미에서 영원할 것이다. 마지막 세 번째로 플라톤이 시간을 영원의 영상(37D5,7)이라고 부름으로써 모든 점에 있어서 시간이 영원과 유사성을 가진다는 해석이다.

그러나 모든 점에서의 닮음을 의미하지 않고, 특별히 시간과 영원 양자 모두 지속을 가지고 있음을 함축하는 것이 아니다. 말하자면 양자는 영상과 모델, 생성과 존재, 현상과 실재 등으로 대비되는 것이다. 그러므로 시간이 감각적인 세계의 시간적인 지속과 계승이라면 반대로 영원은 지속과 계승의 부재 즉 정신적인 세계의 비시간성인 것이다.

그러나 앞에서 인용한 티마이오스의 구절과 29A에서 플라톤은 형상들에게 'aidios'라는 형용사를 반복으로 적용한다. 여기서는 우리는 이것을 습관적으로 영속적(everlasting)이라고 번역하였다. 그런데 이것은 보다 일반적인 의미이고, 우리가 앞 단락에서 본 것처럼 그 말이 나올 때마다 그것을 무시간성을 함축하고 있는 것으로 재해석될 수가 없다. 왜냐하면 40B5에서 별들이 aidia라고 불려지기도 하기 때문이다. 하지만 이러한 말마디를 비껴간다고 할지라도, 플라톤이 때때로 티마이오스에서 형상들을 언제나(aei) 존재하는 것으로 언급하고 있다는 사실을 설명하기 어려운 일이다. 그는 티마이오스 27D6-28B1에서 다음과 같이 말한다.

"우리는 무엇보다도 다음과 같은 구분을 하여, 그것이 무엇인지를 물어야 한다. 그것은 '언제나'(aei) 존재하고, 생성하지 않지 않는 것과 '언제나' 생성하고, 결코(oudepote) 있지 않는 것은 어떤 것인가 하는 것이다. 정신과 이성에 의해서 파악되는 전자는 '언제나'(aei)

동일한 상태 속에 있다. 후자는 비이성적인 감각-지각작용의 도움으로 의견에 의해서 파지되는 것이고, 생성과 소멸의 과정 속에 있고 결코(oudepote) 실재적인 존재를 가지지 못하는 것이다. 게다가 생성하는 것은 필연적으로 어떤 원인에 의해서 발해진다. 왜냐하면 아무것도 원인 없이 발생하지 않기 때문이다. 그래서 창조자는 동일한 상태에 '언제나'(aei) 있는 것에 기대를 가지고 그리고 모델과 같은 그런 종류의 것을 사용함으로써 그의 작업의 형태와 짜임새를 산출할 때마다 언제든지 모든 것을 필연적으로 선하게 만든다.''

이 단락은 신적인 창조자의 모델이 동일한 상태 속에, 그리고 영속적(aidios)으로 있음을 묘사해 가고 있다. 물론 티마이오스 다른 곳에서 마찬가지로 지적되고 있으나 우리가 이미 인용한 영원에 관한 주요한 설명(38A3)에서도 이러한 묘사는 형상들이 부동하게 동일한 상태에서 '언제나'(aei) 있는 것이고 더 늙거나 또는 더 젊게 되는 것이 아니라는 것으로 살아 있었다.

이와 같이 플라톤은 그 정신적인 존재에 대한 설명에서 '언제나'란 말마디를 채용하고 있다. 하지만 동시적으로 인용된 위 단락 티마이오스 27D-28A1의 논담의 첫 글귀들에서 '언제나'는 생성을 가지지 않는 것으로 쓰이고, 두 번째로는 그것이 생성에 관계되는 것으로 사용된다. 이렇게 '언제나'란 말마디가 상호 반대되는 모델의 영원과 시간에 동시적으로 쓰인다면 어떻게 시간과 영원을 시간적인 지속과 이 지속의 부재로서 구별할 수 있겠는가? 같은 애매성이 '언제나'라는 말마디에

뿐만 아니라 우리가 이미 지적한 aidios에게도 마찬가지다. 그것이 천체와 위성(37c6)뿐만 아니라 정신적인 것의 묘사에도 사용되어 감각적인 것과 정신적인 것이 모두 다 영속적인 것이라면 지속과 지속의 부재를 어떻게 대비하겠는가? 또한 살아있는 정신적인 모델은 영속적(aidios)일 뿐만 아니라, 그것은 또한 영원(aionios)하다(37D3). 그렇다면 영속성은 위성들의 경우와 같은 시간적인 것인가, 아니면 모델의 본래처럼 영원한 것인가?

'언제나'(aei)와 같이 '영속적'(aidios)이라는 말마디도 시간과 영원이라는 상반된 것의 공통적인 요소라는 이러한 관점은 O'Brien의 관점으로 영원의 무시간성, 비지속성의 개념을 부정하고자 하는 입장이다. 그래서 그는 시간과 영원을 시간적인 지속과 비시간적인 지속으로 각기 보아야 한다는 제안을 하고 있다. 플라톤의 영원이 바로 지속이라는 이런 견해는 J. Whittake에게도 마찬가지다. 그는 티마이오스의 텍스트가 비지속적인 영원의 사상을 설파하지 않았고, 단지 그것은 이 사상을 위한 용어와 영감만을 제공하고 있다고 본다.

결과적으로 비지속적인 시간이론의 원천은 티마이오스에 대한 해석의 역사에서 찾아야 한다는 것이다.

지금까지에서 본 것과 같이 플라톤은 파르메니데스와 달리 그 존재를 설명하는 이의적인 '지금'이라는 말마디를 정신적인 모델을 묘사하는데 사용하지 않고 '언제나'(aei)라는 말마디를 이끌어들인다. 그 대신 '있었다거나 있을 것이다'가 아니라, '있는 것이다'라고만 그 모델을 묘사하고 있다. 그렇다면 영원의 묘사에 '언제나'를 끌어들인 플라톤에게 있어서 영원의 개념을 어떻게 결론지어야 하겠는가?

그것은 무시간성인가, 다시 말해 영상을 성격 지우는 시간적인 계승에 예속되지 않는 모델의 비지속성 혹은 지속의 부재인가, 아니면, 영속적인 지속인가? 다시 말해서 시간적인 계승인가? 필자는 플라톤이 양자를 모두 함축하는 용어들을 사용함으로써 이런 양자 택일적인 문제에 어떠한 구별이나 결정을 하지 않았다는 R. Sorabji 교수의 해석이 바람직하다고 생각한다. 그러므로 영원의 본질을 어떻게 볼 것인가 하는 문제는 그 다음에 플로티노스에 의해서 본격적으로 명확한 해결점이 제시된다고 보는 것이다.

### 다. 플로티노스:엔네아데스Ⅲ 7,2-6

플로티누스의 영원과 시간에 관한 토론은 플라톤의 티마이오스 37c-38c3 구절에 기초하고 있다. 그래서 플로티노스의 영원과 시간의 개념은 시간은 영원의 움직이는 영상이라 보는 플라톤적 정의에 그 출발점을 두고 있다. 이러한 입장 속에 있는 플로티노스는 그의 형이상학적 순서에 따라서 이 영원의 영상인 시간에로 하강하기 위해서는 다시 말해서 시간이 무엇인지 말하기 위해서는 영원에서부터 출발해야 한다고 보고 그의 "영원과 시간에 관한 논의"의 전반부 즉 2절에서 6절을 영원의 본질에 관한 논의로 채우고 있다.

"영원과 시간은 다른 두 가지 것이다. 영원은 정신적인 것에 속하고 시간은 생성하는 것과 이 감각적 우주의 영역에 속한다."66)

이것이 바로 플로티노스의 영원과 시간에 관한 논의 첫 번째 글귀이다. 그러나 영원과 시간이 다르다면 그것들은 어떻게 다른 것인가? 우리는 영원이 시간과 다른 것이라고 주장하는 사람들의 의견에 따라서 영원이 무엇인지를 먼저 추구해야 한다. 왜냐하면 "정신적인 모델의 부동한 영원을 인식할 때 철학자들이 시간이라고 말하는 영원의 영상에 대해 보다 명확한 관념을 가질 수 있기 때문이다."67)

이런 입장은 아리스토텔레스와 같이 정신적인 실재들과는 전적으로 독립된 방식으로 시간을 연구하고자 하는 사람들과는 반대되는 것이다.

이와 같이 영원의 문제는 정신적인 실재 즉 참존재를 영원한 것으로 보는데서 출발한다. 그러나 Aubenque 교수에 의

---

66) Enneades Ⅲ 7,1,1.
67) Enneades Ⅲ 7,1,17 ; 플라톤의 티마이오스37D7참조.

하면 "플로티노스는 영원을 가장 상위에 있는 것이 아니라고 보고 그 위에 '일자'를 둠으로써 영원을 상대화시켰다."고 주장한다. 그래서 플로티노스가 2절과 6절에서 논하고 있는 영원을 비시간성으로서가 아니라 오히려 지속성으로 보아야 한다는 것이다. 이와 반대로 O'Brien 교수는 파르메니데스와 플라톤과는 전혀 달리 플로티노스의 영원은 시간의 지속에 대해서 지속의 부재라고 보고 있다. 그렇다면 이로써 우리가 앞장에서 본 것과 같이 플라톤과 같은 영원에 관한 이의적인 정의의 애매성으로 다시 빠져드는 것이 아닌가 하는 의구심을 가지게 된다.

1) 영원에 대한 두 가지 이론에 대한 비판적 검토·영원과 정신의 동일성에 대한 물음

그렇다면 도대체 우리는 영원을 어떻게 정의해야만 하는가? 마치 시간이 모든 천구라고 말해질 수 있는 것처럼68) 영원도 정신적인 실체자체라고 말할 수 있을 것인가? 우리는 영원을 가장 준엄한 어떤 것으로 상상하고 생각한다. 그런데 "정신적인 것을 넘어선 원리에게 이 준엄하다는 형용사를 붙일 수 없기" 때문에 영원과 정신적인 본질과 동일하다는 결론에 이르게 된다. 이것은 바로 정신적인 세계와 영원이 일체하여 동일한 것을 내포한다는 것이다.

---

68) Enneades Ⅲ 7,2,1-5.

그러나 우리가 정신적인 실재 일련의 것들이 다른 것 즉 영원 안에 놓인다고 말할 때 그리고 모델의 본질이 영원하다고 플라톤이 말하고 있다는 것에서 정신적인 존재들을 영원한 것으로 설명할 때 우리는 영원을 정신적인 본질과 다른 어떤 것으로 만들고 있는 것이다. 그래서 우리는 영원이 정신적인 본질을 에워싸고 있다고 하거나. 그 자체 안에 있거나 혹은 그것 자체에게 현존해 있다고 말하고 있는 것이다.69) 각각은 준엄한 존재들로 동일한 것들을 내포하고 있다. 그러나 정신적인 세계는 전체적인 것이 그것의 부분들을 내포하고 있는 그런 방식으로 동일한 것들을 가진다. 반면에 영원은 한 부분으로서가 아니라 영원하다고 하는 모든 정신적인 사물들이 영원에 일치함으로써 영원하게 된다는 의미에서 동시에 전체적으로 모두를 내포한다.70)

이러한 논리전개과정을 걸치면서 플로티노스는 우리가 플라톤 안에서 발견하는 정신적인 실재들의 하나 다시 말해서 티마이오스의 정신적인 실체(27e-28a)와 티마이오스의 영원과 동일시하려는 플라톤적인 시도에 동의하지 않는다.

플로티노스는 여기서 멈추지 않고 플라톤의 소피스트에서 나타난 존재의 원초적인 다섯 가지 장르(254d-255a) 가운데 하나인 정지(stasis)와도 영원이 일치하지 않음을 설파하고

---

69) Enneades III 7,2,9-13.
70) Enneades III 7,2,18.

있다.

시간이 운동으로 구성된다고 보는 의견과 상응하게 영원이 정신적인 것의 정지와 일치한다고 말해질 수 있는가? 여기서 우리에게 영원히 정지와 동일한 것인가 또는 단순히 정지가 아니라 실체에 속하는 정지와 동일한 것인가 하는 질문이 제안된다.

이 두 경우 가운데 첫 번째 경우로서 만약 영원이 정지와 동일한 것이라면, 우리가 영원을 영원한 것이라고 부르지 않는 것과 같이 정지를 영원한 것으로 부르지 않을 것이다. 왜냐하면 영원한 것은 영원이 아니라 영원에 참여하는 것이기 때문이다. 그런데 어떻게 운동 또한 영원한 어떤 것이라고 말할 수 있겠는가? 왜냐하면 이러한 추론 위에서는 그것이 지속한다고 말하게 될 것이기 때문이다. 그러므로 플로티노스는 정지의 관념이 그 자체 안에 '언제나'(aei)를 포함하고 있지 않다고 결론한다.71)

두 번째 경우로 만약 영원이 실체에 속하는 정지와 동일한 것이라면 우리는 영원 밖에 다른 종류의 실체들을 두게 되는 것이 된다. 그래서 다시금 우리는 영원을 정지의 관점뿐만 아니라 단일성의 관점에서 생각해야만 한다. 그렇다면 역시 우리는 영원은 반드시 연장이나 간격이 없는 것으로 보아야 한

---

71) Enneades Ⅲ 7,,20-26.

다.72)

영원은 모든 연장과 지속으로부터 해방된 것(adiastatos)으로 "단일성 속에 있는 항구적인 것"73)으로 설명된다. 그러나 정지는 그것이 정지인 한에 있어서 그 자체 속에 비연장됨의 관념이나 단일성의 관념을 포함하지 않는다. 그래서 영원은 그 자체로 정지가 되는 것이 아니다.

### 2) 영원의 정의

이와 같이 영원은 정신적인 세계 자체나 이 정신적인 우주속에 있는 정지가 아니라면 우리가 정신적인 세계 전체를 영원하고 영속적인 것이라고 부르게 되는데 그 이유가 되는 특징은 무엇인가? 그것은 어떤 유일하고 동일한 성격이다.

정신적인 세계에 대한 우리들의 관념은 다양한 것들의 집합으로 만들어진 것이 아니다. 그러므로 확실히 "모든 정신적인 존재들은 단일한 본질을 형성한다. 그러나 그 단일한 본질은 다양한 가능태들을 가진다."74) 그것들은 정신적인 세계에 대한 플라톤적인 장르인 실체·운동·정지·이타성·동일성 등 5가지다. 다시 말해서 이것은 '소피스트'의 254D에 나타난 정신적인 세계에 대한 플라톤적 카테고리의 완벽한 리스트이다.

---

72) Enneades Ⅲ 7,2,31..
73) Enneades Ⅲ 7,2,32-35.
74) Enneades Ⅲ 7,3,3.

그러나 우리는 정신적인 존재가 유일한 삶이 되기 위해서 다시 그것의 모든 가능태들을 하나의 단일성 속에 결합한다. 다시 말해서 "정신적인 실재들 안에 있는 이타성, 끊임 없는 현실태(운동,) 차별없는 동일성, 더 나아가서 언제나 연장 또는 간격이 없이 자기 동일적이라는 의미에서 한 대상으로부터 다른 것에로 이전하지 않는 사고와 삶을 다시 모은다"75) 그래서 이 모든 것 즉 가능태들을 하나로 보는 것은 자신의 전체성 속에서 그 자체에 언제나 현존해 있는 그리고 동일성 속에서 항구하는 삶을 봄으로써 영원을 보는 것이 된다. 여기서 플로티노스는 영원을 정의하는데 삶(zoe)이라는 개념을 사용한다. 즉 "동일성 속에 머무르는 삶"76)을 영원이라고 정의한다.

다시 말해서 영원은 정신적인 것들의 기체(substrat)가 아니라 더 후에 '있을 것'이 아니라 '있는 것'으로 그 자체에 대해 주장하는 기체의 동일성 덕분에 기체로부터 쏟아져 나오는 어떤 빛의 방사이다.77) 따라서 플로티노스에 있어서 영원은 정신의 삶이다. 우리는 이곳에서 어떤 연장·발전·경과를 지각할 수 없다. 플로티노스는 다음 인용문에서 이러한 영원의 비지속성을 간략하게 정리해 주고 있다.

"우리는 그것이 있었다거나 있을 것이다가 아니라 단지 있다

---

75) Enneades Ⅲ 7,3,11.
76) Enneades Ⅲ 7,3,16.
77) Enneades Ⅲ 7,3,24.

라고 말하는 존재, 미래에로의 어떤 변화를 인정하지 않고 과거 안에서 변화를 가지지 않은 영속적인 존재 바로 그것이 바로 영원이다. 그런데 존재 안에 있는 것에 속하는 것은 동시적으로 모두 함께 완전하게 연장과 간격이 없는 삶을 가진다. 이 삶이 바로 우리가 추구하고 있는 영원이다."78)

지금까지의 플로티노스의 엔네아데스 몇 구절에서 우리는 영원의 무시간성 내지 비지속성에 대한 전거를 찾아볼 수 있었다. 그러나 우리들의 이러한 입장에 보다 결정적인 뒷받침이 되는 구절은 엔네아데스 Ⅲ. 7.6.15-36이라고 생각한다.

"일자에 따라서 머무르는 것(정신) 즉 참된 존재는 영원을 소유한다. 그것은 어떤 이것저것을 포함하지 않는다. 그것 안에는 간격·발전·경과·연장이 없는 것이고, 우리는 그곳에서보다 일찍 한다거나 보다 늦거나를 파악할 수 없다. 그런데 만약 그것에 안에보다 일찍함과 늦음(proteron, husteron)이 없다면, 그러나 우리가 그것에 대해 말할 수 있는 가장 참된 것이, 실체이고 삶이다라는 이유에서, 그것이 '있다'는 그리고 그 자체로 있다는 것이다 라면, 우리는 다시금 그것 안에서 영원(aion)을 보게 될 것이다. 그러나 우리가 그것이 '언제나' 있다 하고, 한 때에는 존재하고 다른 때에는 존재하지 않는 것이 아니라고 말할 때, 우리는 우리 자신들에게 맞게끔 용인된 것으로 이 표현방식을 파악해야만 한다. 왜냐하면 '언제나'는 아마 자기 고유한 의미(kurios)로 여기서 사용되지 않았기 때문이다. 그러나 부패하지 않음을 묘사하기 위해서 채용된 이 말마디는 영혼을 생성하고 있는 어떤 것 다시 말해서 결코 실패할 것이 아닌 어떤 것의 팽창을 상

---

78) Enneades Ⅲ 7,3,36-38 ; 티마이오스 37e6-38a1 참조

상하는 데로 잘못 인도할는지도 모른다. 그래서 이 말마디를 단지 '있음'이란 말마디를 사용하기 위해서만 사용된다면 더 바람직할 것이다. 그러나 사람들이 발생되는 것(genesis)도 또한 실체라고 생각함으로 '있음'이 실체를 충분히 설명하지 못하게 된다. 그러므로 진정 있음이 무엇을 의미하는가를 이해하기 위해서는 '언제나'라는 말마디를 부가할 필요가 있다. 왜냐하면 철학자가 '참된' 철학자와 다르지 않는 것과 마찬가지로 있음을 '언제나'는 있음에 부가된다. 즉 '언제나'가 '있음'이라는 말마디에 부가된 것이다. 이것은 우리가 '언제나 있음'이라고 말하기 위해서이다. 그리고 이것은 우리가 '언제나'를 '참된 존재'로서 취해야만 하는 이유이다. 즉 '언제나'는 자신이 이미 소유하고 있는 것을 넘어선 어떤 것을 필요로 하지 않는 비연장된(adiastaton) 가능태 속에로 내포되어야만 한다. 이 가능태는 모든 것을 소유한다."

여기서 플로티노스의 관점은 '언제나'가 그것의 고유한 의미가 아니라 단지 발생하는 것에 반대되는 것으로서 '참된'존재를 의미하는 기능만을 가진다는 것이다. 그 결과 여기서 영원은 전과 후를 가지지 않는 비연장된 가능태로서 지속의 부재로서 이해되는 것이다. 이렇게 '언제나'가 비시간적인 의미를 가지는 것은 엔네아데스 Ⅲ, 7,28-29에서 보다 간단하게 진술 된다.

"나는 '언제나'를 시간 속에(en chronoi)있는 것으로서가 아니라 'aidion'이라고 말할 때 우리가 생각하는 것을 뜻하는 것이다."

그러므로 '언제나'와 다른 말마디들 즉 '맨 먼저', '전' '후' '기원'들에게 비시간적인 의미를 주려는 이러한 의도는 플라톤에

의해서 남겨진 이의적인 애매성을 해결하는 플로티노스 방식
이라고 생각된다.

플로티노스 안에서 영원이 시간 안에 펼쳐진 것으로 생각하
지 말아야 한다는 전거들은 2절에서부터 6절에 이르는 지금까
지의 분석에서 대부분 다양하게 제시되었다.

영원은 마치 점안에 있는 것(hoion en semeioi)처럼 비연장
된 것(adiastatos)이고 부분들이 없는 것(ameres)이고 모두 함
께 있는 것(homou pasa)이고 그리고 크기가 없는 것(tososde)
이다. 또 영원의 삶은 분할되지 않는 것(meristheisa)으로
순수 불가분성을 가지고, 그리고 그것의 사고는 무시간적이다
(achronos). 그것은 시간과 같이 간격(diastasis)에로 흐트
러져 있는 것(skidnasthai)이 아니라는 점과 같은 것이다.
여기에다 또 우리는 영원한 정신은 어떤 이것저것(allo kai
allo)을 포함하고 있지 않는 것임을 지적할 수 있다.

그러므로 그것은 간격(diistanai), 발전(exelissein), 경
과(proagein), 연장(parateinein)이 아니고 보다 일찍이나
보다 늦게(proteron, husteron)를 그 속에서 발견할 수 없
는 것이다. 마지막으로 우리는 마음 구절에서 이 영원이 연장
임을 명확히 부정하고 있음을 볼 수 있다.

"존재의 최상의 삶은 시간에 의해서가 아니라 영원에 의해서
측정되는 것이다. 그런데 이 영원은 더 많고 더 적음(pleon,

elatton)이 아니고, 어느 길이(mekos)가 아니라 연장되지
않는 것(adiastatos)이고 무시간적인(ou chronikon)것이
다. 따라서 우리는 비존재에 존재를 '언제나' 있는 시간의 영속
성(to chronikon de aei)에 영원을 결합하지 말아야 하고,
비연장된 것(adiastatos)을 연장하지(parekteinein)말아
야 한다. 우리는 최상의 삶을 전체로서 모두(panholon) 취해
야만 한다. 그리고 이것은 바로 시간의 불가분성이 아니라, 시
간의 많은 부분들로 구성되는 것이 아니고 전체시간과 달리 모
두 함께(pasa homoua)있는 영원의 삶을 뜻하는 것이다.79)

시간과 영원은 다르고 영원은 지속의 부재라는 비시간성이
란 이러한 전거들은 영원히 지속적인 현재의 관념을 내포하고
있다는 반대해석의 대부분을 배척한다. 영원이 내포하고 있는
것은 시간 안에서 발견되는 불가분성이 아니기 때문이다. 그
러므로 모든 해석들 가운데 남아있게 되는 것은 '무시간적'이
라는 해석뿐이다. 영원한 삶의 끝없는 지속은 거부되는 것이
다. H. Armstrong은 영원한 삶에 대한 플로티노스의 설명이
비지속적이라는 영원에 대한 그의 전개와 양립될 수가 없다고
한다. 이것은 플로티노스가 영원한 것이 지속과 계승과 변화
를 가진다는 제안이 가능한 방식들로 때때로 빠져들고 있다는
주장이다.

---

79) Enneades Ⅰ 5,7,20-31.

그러나 이러한 견해를 가능케 하는 것처럼 보이는 대부분의 확증은 그의 비시간적인 의미들의 구별로서는 적절한 것이 아니다.

마지막으로 앞에서 지적한 Aubenque교수와는 달리 플로티노스가 아마도 비시간적인 의미의 관념을 삶의 관념에까지 확대하고 있다는 것을 지적하는 것도 가치 있을 것이다. 우리는 삶을 시간 속에 펼쳐져 있는 것으로 생각한다. 그러나 영원을 구성하는 삶은 정신의 삶이므로 그것은 아주 특별한 종류의 사유함으로 구성되어 있다. 하지만 우리는 스스로 이런 사유함이 어떻게 비시간적인 것이 될 수 있는지 이해할 수가 없다. 이에 대해 플로티노스는 그것이 부분적인 이유이지만 경과를 내포하지 않는 사유함의 유형이기 때문에, 그리고 그것이 무시간성의 의미를 내포하고 있기 때문에 비시간적일 수 있다고 납득하고 있다.

우리는 파르메니데스가 단편 8,5에 대한 해석에서 영원에 대한 서로 상반된 견해들이 공존함을 지적하였다. 이것은 비시간성의 개념으로든 지속성의 개념으로든 양자가 다 그 권리를 가진다는 것을 의미하고, 결과적으로 이러한 구별이 무의미하지 않는가 하는 인상을 가진다. 그 뒤 플라톤 역시 '언제나'등의 이중성을 통해서 문제를 어둡게 하였다. 그래서 영원의 본질에 대한 병렬적인 해석을 가능케 하는 많은 구절로 인하여 영원에 대한 이중적인 개념의 혼동으로 양자택일적인 문제에 있어서 어떤 구별이나 결정을 하지 않았다는 것이 옳을 것이다.

라틴어 어투로 단적으로 정리하면 영원은 Sempiternitas인가, 아니면 aeternitas인가 하는 구별에 관한 결정이다. 그러나 그리스철학 안에서 영원에 대한 반성이 시작할 때는 그 관점이 신학적이 아니라 존재론적이었다. 그러므로 그것의 구별은 그렇게 중요한 의미를 가지지 못했을 것이다. 하지만 플로티노스에 와서는 aeternitas 즉 지속의 부재라는 비시간성의 개념으로서의 영원이라는 개념이 확립됨으로서 플라톤의 이의적인 애매성이 해결된다고 할 수 있다. 말하자면 이러한 면이 플로티노스의 독창적인 측면이라고 보아진다.

그러나 플로티노스가 자신의 논리전개를 파르메니데스와 플라톤이 이미 채용한 표상들과 문구들로 장식하고 있다는 면에서 그들의 권위에 의존하고 있음도 사실이다. 플로티노스는 파르메니데스와 같이 자의적으로 영원은 있었거나 있을 것이 아니다라고 적고 있다. 그러나 그는 파르메니데스와 달리 '그것이 지금 있다'가 아니라 플라톤이 그러했던 것처럼 '그것은 단지 있음뿐이다'라고 한다. 또한 플로티노스는 '모두 함께(homou pasa)'라는 파르메니데스적인 용어를 그대로 사용한다. 그러나 그는 이것을 정확하게 연장의 부재라는 의미로 적는다.

플라톤 역시 그 대부분의 용어와 영감이라는 측면에서 전적으로 플로티노스와 밀접한 관계를 가진다. 하지만 이중적인 '언제나'를 구별하여 일의적으로 시간과 다른 지속의 부재라는 의미로 사용한다는 것이 다르게 나타난다. 이러한 플로티노스의 영원의 개념은 보에스우스에 의해서 성취되어 중세기적인 영원개념의 기틀을 마련한다.

# 제Ⅲ장
# 아우구스티누스 : 시간과 현재

우리는 엔네아데스 Ⅲ, 7의 '영원과 시간에 관한 논고'에 나타난 논리 전개를 통해서 플로티노스의 시간에 접근하고자 하였다. 플로티노스는 우리가 살펴본 것처럼 세 부분으로 구성된 시간에 관한 탐구에서 플라톤의 티마이오스 37d-38a를 근거로 해서 '시간은 영혼의 삶의 연장이다'라고 정의한다. 이것은 물론 '시간은 전과 후에 따른 운동의 수'라고 정의하는 아리스토텔레스의 정의에 대한 비판을 통해서 본격화된 것이다. 그럼으로써 플로티노스는 아리스토텔레스의 자연학의 영역으로부터 아우구스티누스의 주체적인 의식의 영역으로서의 시간의 변형에 있어서 아주 중대한 역할을 행하게 된다.

따라서 네오플라톤이즘에 많은 빚을 지고 있는 아우구스티누스가 시간의 본질을 어떻게 보고 있는가를 인식하기 위해서는, '지금'이라는 현재를 중심으로 한 아리스토텔레스와 이 아리스토텔레스의 시간이론을 비판한 플로티노스에 대한 아우구스티누스의 위치를 명백히 하면서, 시간의 본질에 대한 아우구스티누스의 이론을 살펴야 할 것이다.

그의 이론은 많은 부분이 그리스 철학자들의 사고에 영향을 받고 있지만, 그보다 앞선 철학자들의 시간전개에는 거의 들어있지 않는 시간의 내재화 즉 심리적인 양상에 대한 그의 강조에는 새로운 것이 드러난다.

고대와 중세를 가름하는 양시대의 전환점에 삶을 영위했던 아우구스티누스는 자신의 독특한 실재적인 체험을 통해서 객관적인 고대사상의 외면성(exterioritas)을 거부하고, 심리적이고 주체적인 내면성(interioritas)의 세계관을 구축하였다. 내면인간(homo interior)에로 향하게 되는 아우구스티누스의 이러한 '주체(subjectivitas)에로의 전환'은 W. Schultz가 지적한 바와 같이 '외면화의 동향'이라고 하는 커다란 철학사조의 두 맥락을 태동케 함으로써, 그로 하여금 후대인들에게 있어서 세기를 뛰어넘는 풍부한 정신적 유산의 보고가 되게 한다.

그러나 이 모든 아우구스티누스의 유산중에서도 심오한 철학적 통찰력이 가장 본격적으로 드러나고 있는 곳은 고백록 제 XI권에 나타난 그의 시간 사색이라 하겠다. 오늘날 시간문제를 그들 철학의 중심 테마로 삼고 있는 현대의 주목할만한 철학자들은 의심할 나위 없이 바로 이 아우구스티누스의 시간 사색으로부터 크게 시사 받고 있다. 그런데 이 시간사색은 시

간성과 역사의 의미에 대한 현대적 테마와는 다른 의미와 가
치를 가진다. 왜냐하면 그 시간론은 영원의 문제와 전적으로
분리되지 않기 때문이다. 그러한 점의 증거로서 고백록 제XI
권을 들을 수 있다. 그래서 고백록 제XI권 안에서 아우구스티
누스의 시간의 본질을 정리하면서 고대철학에 대한 고유성을
밝히고, 다음으로 시간과 영원의 의미를 논할 것이다. 아우구
스티누스의 고백록은 크게 두 부분 즉 Ⅰ-Ⅹ권과 XI-XII권으로
구조되어 있다.

　전자는 어린 시절부터 어머니의 죽음까지의 자서전이고, 후
자는 창세기1:1-13에 대한 철학적이고 신학적인 주석이다.
이 가운데 XI권은 시간의 본질을 논설하고, XII-XⅢ권은 영원
과 창조를 논하고 있다. 그런데 이 양 부분에 대한 단일성의
문제는 학자들의 주된 토론의 테마이다. 하지만 고백록 XI-X
Ⅲ권은 '일기' 이상의 것임을 보여주는 '결론'으로서 정신적이
고 영신적인 역사체험의 완성이다.

## 1. 아우구스티누스의 행복론

　아우구스티누스는 오늘날 전해 내려오지 않는 키케로의 대
화편, 호르텐시우스(Hortentius)를 읽음으로써 철학적 삶에
눈뜨게 된다. 이때부터 그는 지혜에 대한 열렬한 사랑으로 끊

임없이 불타오르게 되고, 이 지혜의 발견은 그 후 그를 하나님에게로 인도하게 될 고통의 여정에 첫 번째 단계로서 그에게 언제나 남아있게 된다.1) 그런데 그에게 있어서 철학의 대상 즉 지혜가 항상 행복과 동일시되고 있다는 것은 우리가 아우구스티누스를 이해하는데 근본적으로 중요한 점이다.

아우구스티누스 안에 이론적인 사고 역시 풍부하게 들어 있다. 그러나 그것의 목적은 항상 실천적인 것에 속해 있고 그 사색의 직접적인 적용의 대상은 인간이다. 행복의 본질적인 조건은 진리의 인식이다. 그러나 아우구스티누스 안에서의 진리는 그것만이 유일하게 인간을 행복하게 만들 수 있다는 이유에서만 추구되고, 인간을 행복하게 만들 수 있는 범위 내에서만 탐구된다. 그러므로 어떤 의미에서는 소크라테스의 기본적인 가르침이 아우구스티누스의 출발점이라 할 수 있다. 하지만 그는 새로운 해석을 토대로 그 가르침을 채용한다.

## 가. 초철학적 체계

### 1) 행복과 인식 - 행복의 일차적 양상

회의주의자 또는 아카데미학파와 같이 진리를 발견할 수 없다고 주장하는 사람들은 행복을 소유할 수가 없다.2) 즉 지혜

---

1) Augustin, Les Confessions de saint Augustin, ed, A. Solignac (Paris: Desclee de Brouwer, 1962), III p.4,7.

는 행복을 내포하고 행복은 신을 내포한다. 참으로 아우구스티누스는 행복을 목적으로 진리를 바란다. 그러나 결코 진리를 떠나서 행복이 가능하다고 생각하지 않는다. 동시에 절대적인 진리의 점유는 행복의 필연적인 조건이다.

그러나 모두가 지혜와 신의 점유에 관한 의미 이해에 일치하고 있지 않다. 누구에 의하면 신을 소유한다는 것은 신이 의지하는 바를 행하는 것이라고 하고, 다른 이들은 선한 삶으로 인도됨을 의미한다고 주장한다. 또한 불결한 마음을 품고 있지 않은 것이라고 생각하기도 한다. 그러나 이러한 세 가지 의견들을 주의 깊게 숙고한다면 우리는 그것들 모두가 동일한 상태에 도달된다는 것을 알게 된다. 왜냐하면 신이 의지한 바를 행하는 사람은 선한 삶에 이르게 되고, 선한 삶에 이르게 되는 사람은 하나님이 의지한 바를 향하기 때문이다.

다른 한편 불결한 마음을 가지지 않는 인격은 영혼의 순결성 속에서 삶을 영위하는 것이고, 이것은 탐욕의 부재일 뿐만 아니라, 다른 모든 죄악의 부재를 뜻한다. 이러한 의미에서 참된 순결성은 모든 면에서 신을 따르는 것이고 신에게만 자신을 내맡기는 것이 된다. 그러므로 이것은 선한 삶으로 인도됨을 의미한다.

이렇게 세 가지 정의가 의미하는 바를 검토한다면, 우리는

---

2) De beata vita Ⅱ p.14

그것들이 하나임을 알게 된다. 하지만 우리는 선한 삶에로 인도된다는 것이 무엇을 의미하는지 더 정확히 터득해야만 한다.

신이 우리가 그 자신을 추구하는 것을 확실히 원한다면, 신을 추구하는 사람이 부정한 삶에로 인도되리라고 말할 수 없다. 그러나 신이 추구함으로써 신이 원하는 것을 행하는 것은 결과적으로 선한 삶에로 인도되는 것이나, 신을 추구한다는 사실은 아직 신을 점유하지 못함을 뜻한다.

여기서 우리는 이미 신을 발견한 사람은 행복을 소유하고 있고 반면에 신을 추구하고 있는 사람은 신의 총애를 가지나 아직 행복을 가지지 못한 것이다라고 설명할 수 있겠다. 그렇다고 해서 신을 추구하고 있는 사람이 행복을 가지지 못한다는 그 이유로 그를 비참한 사람이라고 생각하여야만 하는가?

행복은 어떤 물질적인 선의 손실에 의해서 위험에 처할 수 없는 마음의 선이기 때문에 누가 많은 재산을 소유하지 못하고 있다 해도 아직 불행하다고 할 수 없다. 하지만 마음과 지혜의 영역에서 일단의 충만감은 행복을 위해 절대적으로 필연적인 것이다. 이 충만감은 공허와 결핍에 상반되는 것이다.

그러나 그것은 올바른 충만감이라는 조건에서만 참된 충만감이다. 말하자면 중용에 이르지 못하거나 중용을 넘어서지 않는 충만감, 결과적으로 어떤 척도의 한계 내에 남아나는 충만감이어야 참되다는 것이다.

실제로 중용에 의해서 마음은 모든 무절제로부터 자신을 해방한다. 다시 말해서 불필요한 것에로 인도하는 무절제를 벗어나거나 반대로 자신의 충만한 능력의 한계보다 열등한 한계로 자신을 속박하는 것을 면하게 된다. 그러므로 중용 또는 지혜를 소유하는 것과 행복하게 되는 것은 하나이며 동일한 것이다.

그러나 이러한 지혜란 무엇인가? 성서는 우리에게 그것은 신의 지혜라고 말한다. 실제로 사도 바울 자신이 신의 아들은 신의 지혜 이외 다른 아무것도 아니다라고 기록하고 있다. 여기서 신의 아들이란 바로 신이다.

그러므로 신을 소유한 사람은 이로 말미암아 지혜를 소유하는 것이고 결과적으로 행복도 또한 소유한다고 말하는 것은 올바른 것이다. 하지만 지혜란 진리가 아니고 무엇이겠는가? 왜냐하면 성서에서도 "나는 진리이다"라고 말하고 있기 때문이다. 그렇다면 하나님의 아들이란 바로 진리이다. 또한 아버지란 그가 아니면 아무것도 발생하게 되지 못하는 척도이다. 이로써 우리는 아들만이 진리를 통해서 최상의 척도에 도달하는 행복을 소유한다고 한다. 이것은 또한 지혜를 소유한다는 것을 의미한다.3)

---

3) De beata vita Ⅳ p.34.

이런 식으로 신을 소유하지 않고서는 인간에게 불행 이외에 아무것도 없을 것이라는 것은 당연하다. 선한 삶에로 인도된다는 것은 신을 소유하고자 면밀히 노력하는 것을 의미한다. 감히 말하자면 어떤 지속적인 요청이 진리의 원천으로부터 우리에게 발해지고 있다. 이 요청이란 신의 기억을 우리 사고에 불러일으키는 것으로 우리로 하여금 신을 추구하도록 하고 그를 향해 목마르도록 하는 것이다. 그래서 우리가 감히 신을 그 본질 안에서 명상할 수 없고 실제적으로 그렇게 할 수 없다고 하지만 이 진리 말하자면 신 자체로부터 우리들의 모든 진리를 이끌어낸다.

그러나 우리가 하나님을 추구하고 있는 동안, 우리는 아직 그 샘 자체에서 물을 들이켤 수 없고 신의 충만감 속에서 우리의 목마름을 풀지 못한다. 그래서 우리가 신을 추구하고 있는 한, 아직 우리의 충만한 척도에 도달하지 못하고 우리가 아직 지혜나 행복을 소유하지 못하고 있다고 해야 할 것이다. 그러나 진리에로 인도하는 거룩한 성령에 대한 완전한 인식 속에서, 진리 자체의 향유 속에서, 그리고 진리가 유래되는 근원으로서의 최상의 척도와의 합일 속에서만 −성령・진리・척도들은 하나의 실체이며 하나의 신이다− 우리의 정신은 완전하게 만족될 수 있고 우리의 삶이 행복하다고 참으로 말할 수 있다.4)

동일한 문제를 다른 각도에서 접근해 보도록 하자. 모든 인간은 당연히 행복하게 살기를 원하고, 이 행복은 우리에게 있어서 최상의 것의 향유 속에 있다. 그러나 우리에게 최상의 것은 무엇인가? 확실히 인간에게 가장 최상의 것은 인간보다 더 열등한 것일 수 없다. 왜냐하면 인간보다 더 열등한 것을 요구한다는 것은 우리 자신들을 격하시키는 것이기 때문이다. 만약 인간보다 더 우월한 것 즉 상실한 가능성이 없는, 확실성을 가지고 인간이 향유할 수 있는 것이 존재하지 않는다면, 우리는 인간 자신이 인간에게 최상의 것이다라고 말할는지도 모른다. 하지만 인간보다 더 상위의 것은 어떤 것인가?

인간은 영혼과 육체로 구성되어 있는데, 영혼은 자신이 숨쉬게 하는 육체에 생명과 운동을 수여한다는 그런 방식으로 함께 결합되어 있다. 그러므로 영혼은 육체보다 더 우월하고, 만약 인간 위에 지존한 선이 있다면 그것은 육신의 단일한 선일 수 없고 영혼의 선일 것이다. 왜냐하면 영혼은 인간의 가장 고매한 부분이기 때문이다. 그런데 영혼에게 완전성을 증여하고 영혼을 선하게 만드는 것은 덕이다.

여기서 우리는 영혼이 이 덕을 추구할 때 오직 영혼 자체 이외에 아무것도 추구하지 않는다고 말할 수 있는가? 이런 견해를 고집하는 것은 우리로 하여금 말못할 어리석음에 접어들게

---

4) De beata vita IV p.35

하고 말 것이다. 영혼은 덕을 소유하게 될 때까지 지혜에 도달하지 못한다. 그런데 영혼이 덕을 향한 자신의 요구 속에서 영혼 그 자체만을 추구한다면 진정 영혼은 그 자신의 어리석음만을 추구하는 것이다. 그러므로 영혼은 그 자체 이외의 다른 어떤 것 즉 그것으로부터 지혜가 영혼에게 이르게 되는 것은 이미 현명하게 된 현자나 신 이외 다른 것일 수 없다. 또한 이 신의 점유가 바로 행복인 것이다.

## 2) 행복과 사랑 - 행복의 이차적 양상

살펴본 것같이 행복은 아우구스티누스의 사고의 도달점이다. 또 이런 사실은 그의 사상을 행복론이라고 즉각적으로 칭하게 된다. 우리는 이제 이 행복론이라는 개념의 내용이 함축하고 있는 두 번째 의미를 정확히 할 필요가 있다.

아우구스티누스에 있어서 진리의 명상은 행복의 필연적인 조건이다. 그러나 이 명상이 행복의 참 본질을 구성할 수는 없다. 우리는 때때로 '아우구스티누스적 이지주의'라는 말을 듣는다. 만약 이것이 아우구스티누스의 사상 속에서 지성이 행하는 필연적인 역할을 지적하는 데만 사용된다면 보다 더 양호한 말마디는 없다. 하지만 이 말마디를 그 목적이 원초적으로 진리 이해가 아닌 체계에 적용하는 것은 어절의 어떤 남용이 있는 것이다.

이 체계에서는 선을 획득하는 것이 결국 문제이기 때문에 행복을 가져다 주는 지혜는 그 인식이 얼마나 고매한 것인지 상관없이 인식으로 구성될 수 없다. 하지만 선은 인식되는 것이 아니라 소유되는 것으로써의 목적이다. 사물의 인식이 사물의 소유를 의미한다고 말하는 것이 확실히 참이라고 할지라도 우리는 인식이 완전한 소유와 동일한 것이라고 말할 수 없다.

이성은 판단을 위해서는 적당하나 사랑을 위해서는 충분치 않다. 사랑은 욕망이고 욕망은 전적으로 이성에 속하여 있지 않기 때문이다. 하지만 인간에는 감각적 욕구가 있어 지존한 선에로 방향 지어야 하는데, 이러한 것은 우리가 이성의 통제에 따라 지존한 선을 보다 더 잘 명상함으로써 가능하다.

그러므로 모든 영혼은 정신이 명상할 수 있는 것을 사랑해야 하는 것이고 이성에 의해서 그렇게 밝혀진 사랑을 통해서만 영혼은 그 목적에 궁극적으로 도달하게 될 것이다. 그 목적을 인식하는 것만이 아니라 어떤 의미에서는 바로 그 목적이 되는 것이다. 실제로 사랑의 경우에 사랑 받는 대상은 어떤 방식으로든 그 자신의 형상대로 변화시키고 또 동화시키기 위해서 사랑하는 주체에 반응한다. 그래서 질료적이고 사멸할 것을 사랑하는 것은 인간을 물화시키는 것이고 반드시 멸하고 만다. 반대로 영원한 것을 사랑하는 것은 영원하게 된다. 다시 말해 신을 사랑하는 것은 신처럼 되는 것이다.

### 3) 두 가지 양상의 화해

그럼에도 불구하고 아우구스티누스가 우리를 초대하고 있는 복된 기쁨은 진리로부터 분리될 수 없다. 행복은 진리의 파악인 것이다. 그러나 아우구스티누스의 사상은 어떤 '이론주의'로 환원될 수 없다. 왜냐하면 그의 진리는 그것이 선인 한에서만 목적, 말하자면 이해되는 것으로서가 아니라 소유되는 것으로서의 목적이기 때문이다. 그렇다고 그것을 일련의 실용주의로 생각하는 것은 심각한 실수일 것이다. 왜냐하면 진리 인식이 형식적인 의미에서 그 자체로 인간의 목적이 아니다 할지라도 그것은 이 목적의 성취에 필연적인 조건으로서 요구되기 때문이다.

진정 행복의 참 정의는 진리 인식을 요구하고 있다. 행복은 완벽한 기쁨이기 때문에 그것은 두려움, 특별히 행복을 가져다주는 대상이 상실되지 않을까 하는 우려로부터 자유롭다. 그런데 두려움이 방해할 수 없는 유일한 선은 진리이다. 행복을 원하는 사람은 누구나 반드시 그것을 갖기 위해서 행복을 알아야 하기 때문에 더욱 그러한 것이다. 이럴 경우에 아무것도 영혼과 영혼의 선 사이에 개입되지 않는다.

금을 소유하지 않고도 금을 알거나 욕구하는 것은 가능하다. 이것은 모든 다른 물질적인 선에 있어서도 동일하게 참이다. 그러나 진리를 인식하는 것은-역시 사랑한다는 조건으로-

원래 어느 정도까지는 진리를 소유하는 것이다.

이러한 점이 아우구스티누스주의 안에서 행복은 진리로부터 탄생된 기쁨이어야 한다는 이유이고, 우리가 그의 사상의 아주 다양한 두 가지 양상을 화해시킬 수 있는 점이다. 사랑이 그 사상에서 복된 선을 궁극적으로 파악하는 힘일지라도 우리는 그의 가르침 속에서 모든 다양한 형태로 회의주의와 상대주의에 대항하는 끊임없는 투쟁을 관찰한다. 왜냐하면 절대적인 진리가 인간에게 가능하지 않다면, 그에게 결코 행복이 존재치 않겠기 때문이다.

아우구스티누스가 파악하고 있는 것처럼 엄밀히 말해서 행복은 인식과 분리될 수 없다. 이런 의미에서 행복은 인식이라고 불려질 정도이다. 신 자신도 역시 다음과 같이 말하고 있다. "영원한 생명은 유일하게 참 신이신 당신과 그분이 보내신 예수 그리스도를 아는 것이다"(요17:3). 그러나 동시에 이 인식이 단지 인식만이라면 인식의 목적에 도달하지 못할 것임이 아주 명백하다.

이 점이 앞선 성서 인용구가 다음 두 번째 인용구에 의해서 완성되어야 하는 이유이다. "당신은 당신의 모든 마음과 영혼과 정신을 가지고 주님이신 당신의 하나님을 사랑할 것이다"(마22:37). 왜냐하면 지혜가 우리를 인도하는 마지막 목적은 신의 복락으로 향하는 길을 허락하고 준비하는 인식이고 이

기쁨 속에 인식은 결코 소멸되지 않고 완성되기 때문이다.

이러한 요구를 규정하면서 아우구스티누스는 "초철학적"이라고 명명될 수 있는 체계를 근거로 자기 가르침을 확립하였다. 이러한 것으로부터 두 가지 중요한 결과가 도출된다.

첫째로 아우구스티누스주의 안에서 유일하게 삶의 완벽한 안내자인 이성적 사고작용은 영원한 복락의 단순한 윤곽뿐일지라도 신비적인 명상에로 영혼을 인도하는 안내자로서의 필연적이면서도 예비적인 역할을 수행할 것이다. 그리고 두 번째로 이러한 아우구스티누스의 사상은 영혼의 신과의 합일에로 전적으로 방향 지어져 있기 때문에 그의 사상은 신 이외에 다른 핵심을 가질 수 없을 것이다.

그러므로 우리는 인간이 신 즉 최고의 선에게로 향해 나아갈 방도가 무엇인지를 발견하여야 할 것이다

### 나. 神으로 향하는 영혼의 여정

만약 신이 우리의 행복의 대상이라면 어떻게 우리는 그에게 도달할 수 있는가? 신의 존재증명은 근대철학의 출발점부터 형이상학의 가장 고상한 야심 가운데 하나로서 몇몇 철학자들이 불가능하다고 생각할 정도로 어떤 작업보다 난해한 것이다. 하지만 아우구스티누스에게나 그 후 이의 사상에 의해서 고취된 사람들에게는 신의 존재를 증명하는 것이 거의 고심할

필요가 없는 단순한 문제처럼 보인다.

우선 아우구스티누스에 따르면 신의 관념은 인간정신으로부터 분리할 수 없는 보편적이고 자연적인 인식이다. 만약 우리가 신의 관념의 특징을 정의하고자 한다면 그것은 어떤 모순적인 양상으로 우리에게 제시된다. 왜냐하면 인간이 신에 대해 무지할 수가 없으나 동시적으로 아직 그 신을 파악할 수가 없기 때문이다.

결과적으로 누구도 신을 인식하지 못하나 아무도 그의 존재를 모를 수 없다는 것이다. 그래서 처음부터 아우구스티누스의 신은 우주가 자신에 대해서 무지하지 않도록 하기 위해서 자신을 확실하게 알게 하지만 인간이 신을 소유하려는 욕구를 가지고 그를 추구하는데 전념하도록 하기 위해서 필요한 범위 내에서만 자신을 알리는 것을 허락하는 그러한 특징을 가진 것으로 나타난다.

그렇다면 우리는 어느 누구도 신의 존재에 대해 절대적으로 무지하지 않다고 말해야 하지 않겠는가? 진실로 우리가 아우구스티누스의 텍스트를 검토한다면 우리가 거기서 읽은 것은 정확히 인간이 신의 존재에 관해서 무지하지 않다는 것이 아니라 그것에 대해 무지하도록 용인되지 않았다는 것일 것이다. 다른 말로 하면 어떤 사람들이 실제로 신에 대해서 무지할 수 있지만 그것은 그들 자신의 결점이라는 것이다. 왜냐하면 신은 그들 모두에게 현현되어 있고 그들에 의해서 자신이 알려지도록 요구하고 있기 때문이다. 그런데 신을 알지 못하는 사람들이 얼마나 많은가? 이들의 무지의 이유는 과연 무엇일까?

시편 13편 1절에서 우리는 다음과 같은 유명한 말을 읽을 수 있다. "어리석음이 그 마음 속에서 신이 존재하지 않는다"라고 말한다. 그러므로 인간은 신 없이 한 순간도 존재할 수 없음에도 불구하고 신의 존재를 부정할 정도로 무디어져 있는 것이 사실이다. 그런데 만약 우리가 그들의 무분별의 원인을 발견하고자 한다면 우리는 즉시 신을 부정하는 사람들은 마음이 부패하여 있다는 것을 알게 된다. 사실 신에 대한 인식은 나면서부터 인간의 마음에 현존할 뿐만 아니라 그 주위에 우주를 관찰하는 것만으로 모든 이성적인 존재가 신을 그 우주의 저자로서 이해하기에 충분하다.

이러한 진리는 바울에 의해서 가르쳐졌고 아우구스티누스의 눈에는 그 자신의 개인적인 체험의 증거에 의해서 확증되는 것이다. 그는 정신과 마음이 가증스러운 탈선 가운데 있거나 아직 신의 진정한 본성을 알고 있지 못하고 있을 때일지라도 인간사의 흐름에 용의주도한 섭리된 신의 존재를 언제나 결코 잊어버리지 않았다. 그러므로 신의 존재증명이 필요한 것은 단지 아주 작은 수의 빗나간 영혼들을 위해서일 것이다.5) 하지만 우리는 그들 스스로의 힘으로 신의 존재를 알지 못하는 사람들에게 신의 존재를 증명한다는 것은 매우 난해한 일이라고 고백해야만 한다.

### 1) 신앙에로의 요청

우리가 믿고 있는 것을 믿고자 하지 않고 우리가 믿는 것이 참인지 아닌지를 알기 원하는 사람을 상상해 보자. 아우구스티누스는 이 사람을 확신시키기 위해서 우리의 기대와는 반대로 그에게 신의 존재를 논증하려고 하지 않고 먼저 신이 존재한다고 가르치고 있는 성서의 진리를 그에게 보여 주고자 한다. 이처럼 그는 신의 존재에 대한 이러한 신앙의 행위가 획득된 후에야 그의 신념의 이성적인 특성을 무감각한 자에게 증명한다. 그러므로 아우구스티누스의 철학의 어느 부분에서도 "이해하기 위해서는 믿어야 한다"(Credo ut intelligam)는 점을 도외시할 수 없다.

그렇다면 이러한 것으로부터 아우구스티누스가 신존재의 확실성을 신앙 위에 기초지음으로써 결과적으로 진리에 대한 이성적 논증을 인정하고 있지 않다고 결론지어야만 하는가? 하지만 이러한 주장은 아우구스티누스의 정신을 오해하는 것이 될 것이다.

---

5) Confessiones Ⅵ p.5,7-8.

이성이라는 것은 엄밀히 말해서 자기 자신 안에서 스스로 신이 존재한다고 확실히 논증할 수 있다. 왜냐하면 신이 존재한다는 진리는 계시와 신앙 밖에 있는 이교도철학자들에게도 알려져 있기 때문이다.

그러나 실제적으로는 원죄이래 인간의 조건 안에서라면 인간이성이 추종할 수 있는 가장 확실하고 짧은 길은 신앙을 통하는 길이라는 사실이다. 누구나 이성이 신앙을 추종하는 데서 자신을 상실하기는커녕 자신을 발견하는 만큼 이러한 신앙의 길에 참여하는 데 망설일 필요가 없다. 왜냐하면 신이 존재한다고 믿는 사람의 신앙은 신의 존재를 논증하기 위해서 사용한 이성적인 논증들의 이론을 거의 조금도 손상시키지 않기 때문이다. 오히려 신앙은 이성으로 하여금 신존재의 합리성을 보다 명확하게 통찰할 수 있도록 돕는다. 다시 말해서 부동한 신앙은 확증적인 논쟁의 요구들 이성에게 면제해 주지 않는다.

### 2) 자아존재의 확실성

증명에 관련되는 이성의 요구를 결코 축소시키지 않으려는 이러한 의지는 그 논증의 시작부터 명백하다. 가령 아우구스티누스의 한 청중자가 아우구스티누스에 의해서 설득되었다고 해보자. 하지만 그가 신이 존재한다고 믿는다 할지라도 그는 또한 신이 존재한다는 것을 알기를 원할 것이다. 그런데 그의 이성이 감수해야 하는 첫 번째 단계는 우리가 어떤 것을 인식하는 것이 가능하다는 것을 증명함으로써 이성 자체를 확실하게 하는 것이다.

그러므로 아우구스티누스는 신 존재의 확실성을 확립하기 위해서 확실성 일반의 가능성을 확립한다. 그는 이러한 작업을 회의론자들의 무모한 의심조차도 흔들리게 할 수 없는 즉 그 자신의 존재의 확실성을 파악함으로써 행한다. 비록 인간이 신이 존재하는지 그렇지 않은지 아직 알지 못한다 할지라도 그 자신이 존재한다는 것을 알고 있다. 이러한 인식은 모든 것 가운데 가장 명확한 것이다. 그 인식이 오류하기 위해서는 이것을 소유한 사람이 오류 속에 존재해야 할 것이고, 오류 속에 존재하기 위해서는 그 사람이 반드시 존재해야 만 하기 때문이다.

아우구스티누스는 그의 증명의 첨단에 이러한 원초적인 진리를 제시함으로써 그 자신이 아카데미학파에 동참함으로써 인간이 어떤 진리도 파악할 수 없다는 사고를 하였을 시절에 본인의 개인적인 체험을 회상하고 있다. 그런데 이 보편적인 의심에 대한 치유는 의심하는 바로 그 행위에 의해서 논증함이 없이도 부정할 수 없는 존재의 확실성이다. 나는 존재한다. 그리고 나는 내가 존재한다는 것을 안다. 이러한 확실성은 아카데미학파의 어떤 반론도 허용하지 않는다. 내가 오류함으로 내가 존재하는데 어떤 이유에서 그런 확실성을 믿는 내가 오류할 수 있겠는가?

### 3) 인간의 세 가지 요소

그러므로 신의 존재를 증명하고자 하는 사람이 우선 파악해야 하는 것은 그 자신의 존재이다. 그러나 그는 자신을 단지 존재자로 서만 보지 않고, 살아있는 존재 또한 인식하는 존재로 파악한다. 그렇다면 이러한 세 가지 가운데 어느 것이 가장 고매한 것인가? 어느 것이든 두 가지 것 가운데 어느 다른 하나의 존재를 포함하고 있는 것을 보다 더 높은 것으로 아니면 다른 하나의 존재를 포함하고 있지 않는 것을 보다 열등한 것으로 간주할 수 있다.

이러한 원리를 우리가 막 파악한 세 가지 양상 즉 존재·생명·인식에 적용시켜 보자. 우리는 돌과 같이 생명 또는 인식 없이 존재할 수 있다. 그리고 식물과 같이 존재 없이 생명을 가질 수 없으나 인식 없이 생명을 가질 수 있다. 그래서 결국 동물 또는 인간과 같이 생명과 존재 없이 인식을 가질 수 없다. 이처럼 존재와 생명이 인식을 포함하고 있는 않는 반면에 인식이 생명과 존재를 포함하고 있는 한 우리는 인식이 세 가지 술어 중 가장 고매한 것임을 인정해야만 한다.

여기서 잠깐 이러한 인식의 탁월함에 귀를 기울여보자. 인식이란 무엇인가? 일차적으로 그것은 감각작용이다. 즉 사물의 특성에 대한 감각의 지각 작용이다. 그런데 감각인식은 다양하다. 왜냐하면 어떤 일련의 특성에 대한 지각 작용은 어느 한 감각에만 고유하고 반면에 그 외 다른 특성은 다른 몇 감각들에 의해서 지각되기 때문이다. 시각의 고유한 대상은 색깔, 후각의 대상은 냄새, 미각의 대상은 맛, 촉각의 대상은 모든 접촉성질(예 : 단단하고 가벼운 것, 부드럽고 거친 것등)이다. 그런데 크고 작고, 둥근 것들과 같은 특성은 촉각뿐 아니라 시각에 의해서도 지적될 수 있는 것으로 그것들은 어느 하나에 고유한 대상이 아니라 공통된 감각대상들이다. 그런데 우리가 이러한 다양한 감각대상들이 그들 사이에 공통적인 것으로 가지고 있는 것을 식별할 수 있는 것은 우리 감각의 어느 하나에 의해서가 아니고 고유한 감각 전체를 함께 사용함으로서도 아니다.

다른 한편 짐승들이 이성을 소유하고 있지 못하다 하더라도 어떤 대상들을 관찰함으로써 욕망 또는 반감의 내적인 표상들을 느낄 수 있다. 그러므로 인간과 동물 속에 외적 감각보다 우월한 내적 감각이 틀림없이 있는 것이다. 그것은 이성보다는 열등한 것이고 모든 외적 감각이 관계되는 감각이다. 따라서 이것이 인간 속에서는 공통적인 감각대상들을 식별하고, 동물들 속에서는 대상들이 그들에게 유용한가 또는 해로운가를 지각한다. 하지만 우리는 또한 이러한 내적 감각을 넘어서

야만 한다.

어떤 지식을 터득한다는 것은 이성을 통해서 인식함을 의미한다. 그런데 감각은 지식의 차원에까지 올라갈 수 없다. 우리가 시각에 의해서 색깔, 청각에 의해 소리를 지각한다 할지라도 소리가 시각에 의해서 지각되지 않고 색깔이 청각에 의해서 지각되지 않는다는 것을 아는 것은 결코 시각이나 청각, 심지어 동물과 인간에 공통적인 내적 감각에 의해서가 아니다.

이제 모든 것이 더 명료해진다. 눈은 본다. 그러나 눈은 그가 본다는 것을 알지 못하기 때문에 더더욱 눈은 이해하는 것은 눈이 아니라는 것을 알 수가 없다. 그러므로 인식은 존재와 생명 위에 세 번째 술어로써 자리했으나 다른 한편 하나의 계층을 형성하는 세 가지 말마디 즉 외적감각, 내적감각, 이성으로 구분된다.

이러한 세 가지 술어로 형성된 새로운 계열은 어떤 의미에서는 존재와 생명과 인식으로 구성된 계열을 회상하게 하지만 그것은 계층적 관계에로 그것 자신의 고유한 원리를 가지고 있다. 외적감각의 대상은 질료적인 물질인데 이것은 단지 존재하기만 한다. 그러나 그것을 지각하는 외적감각은 존재할 뿐만 아니라 살아 있다. 이것이 바로 외적감각이 그 대상보다 우월한 이유이다. 다른 한편 또 이 외적감각보다 내적감각이 우월하다는 이유에 관해서 알고자 한다면 문제는 쉽지 않게 된다.

물론 우리는 존재의 질서 속에서 외적감각이 내적감각 안에 함축되어 있다는 것을 알고 있다. 그러나 우리가 인식의 질서 속에서도 내적감각이 외적감각을 지배하고 있다는 것을 확실히 하고자 한다면, 아마 어떤 이들은 내적감각이 외적감각에 의해서 인식되지 않고서도 외적감각을 인식한다고 대답할 것이다.

그러나 우리는 인식하는 주체가 인식되는 대상보다 우월하다는 원리로서 우월성을 주장할 수 없다. 왜냐하면 인간이 지혜를 인식한다고 하나 그 지혜는 인간보다 더 우월하기 때문이다. 그러므로 내적감각이 외적감각을 조절하고 판단한다는 것이 그 우월성의 참 대답이 될 것이다. 내적감각은 한 대상을 관찰하여 주시하라고 말하거나 그것으로부터 외면하라고 한다. 또한 그것은 듣기를 더욱 용의주도하게 하라고 명하고 연설이 유창한지 귀에 거슬리는지를 판단한다. 그런데 판단하는 것은 의심 없이 판단되는 것보다 더 우월한 것이므로 외적감각에 대한 내적 감각의 우월성은 의문시될 수 없는 것이다.

동일한 규칙 즉 판단하는 것이 판단되는 것보다 더 우월한 것이라는 규칙이 내적 감각과 이성 사이의 관계에도 적용될 수 있다. 왜냐하면 이성은 내적 감각을 포함할 뿐만 아니라 그것들 판단하기 때문이다.

앞의 분석을 따라갈지라도 내적 감각으로 외적 감각을 분별하는 것은 이성이다. 이성이 이들 모두를 정의하고 분류하고 순위를 조직한다. 만약 이성이 그들 모두를 판단하지 않는다면 이성의 그런 모든 활동은 불가능하게 될 것이다. 그러므로 우리가 해결해야 할 문제는 이성이 감각보다 우월하거나 그렇지 않는가를 아는 데 있지 않다. 또한 이성보다 더 우월할 것이 인간 안에 있는가를 아는 것도 아니다. 왜냐하면 애당초 그러한 것은 명백히 존재하지 않게 때문이다. 오히려 문제는 인간의 이성보다 더 우월한 것이 있는지를 발견하는 데 있는 것이다.

이러한 문제의 내포된 뜻은 명백하다. 왜냐하면 인간 안에 아무것도 이성보다 더 우월한 것이 없는 한, 이성을 초월하는 것은 인간을 초월하는 것이고, 결과적으로 신에 도달하는 것이기 때문이다. 적어도 우리는 이렇게 해서 신에게로 이르게 된다고 무리 없게 제안할 수 있을 것이다.

그러나 아우구스티누스는 형이상학적 통찰력을 가지고 인간보다 우월한 실재의 발견이 필연적으로 신의 발견에 이르지 못한다는 통찰을 해내었다. 사실상 우리들의 모든 탐구는 필연적으로 부동하고 영원한 존재를 향하고 있다. 즉 그것보다 더 위대한 것이 없는 존재, 결과적으로 신의 존재로 향해 있다. 하지만 그런 존재에 도달하기 위해서는 인간을 초월하는 것으로 충분하지 않고, 신만이 넘어설 수 있는 것으로 인간 안에 있는 어떤 것을 초월해야만 한다. 그런데 이런 열의에 몰두하는 사람에게 열려져 있는 가능한 길은 하나인 유일한 길뿐인데, 그것은 진리에 의한 길이다.

### 4) 진리의 초월성

우리는 지금까지 단계적으로 존재의 파악으로부터 인식의 파악까지, 인식의 파악으로부터 이성의 이해까지 상승하여 왔다. 이제 우리는 이성이 그 자체를 초월하여 신에게 도달하도록 허락하는 지렛대가 이성자체 속에 있는가를 살펴보도록 하자. 그런데 이성적 인식 가운데 몇 가지 세목들은 진리의 특징들을 뚜렷하게 드러내준다.

진리는 항상 필연적인 명제고, 또한 이런 이유에서 부동한 명제다. 만약 내가 3+7=10이라고 말한다면 이 두수들의 합이 10이 되었다거나 되어야 한다고 말하지 않는다. 그러나 그 합은 다른 것이 될 수 없으므로 그 합이 10이라는 것은 영원히 참이다라고 말할 것이다.

그러므로 필연성·부동성·영원성은 모든 진리의 뚜렷한 특징들이다. 부연한다면 이 특징들은 사변적인 진리에 속해 있는 일뿐만 아니라 도덕적인 진리에도 속하는 것이다. 이론 혹은 실천적인 질서의 문제, 또는 수 혹은 지혜의 문제이든지 간에 진리는 이것을 명상하는 모든 정신들에게 필연적이고 부동하고 공통적인 인식이다. 그렇다면 이러한 진리는 그런 특징들을 어디서부터 끌어내는가?

외견상 가장 명백한 대답은 진리는 사물들로부터 발생하고, 이 사물들에서 우리 감각들이 진리를 발견한다는 것이다. 그러나 어느 진리가 감각들을 통해서 얻어질 수 있겠는가? 감각들의 대상들은 지속적인 흐름 속에 있음으로 우리가 지식이라고 부르는 부동한 인식에 기초를 제공할 수 가 없다. 그러므로 감각적인 대상으로부터 우리는 진리를 얻을 수 없는 것이다. 게다가 비록 우리가 진리의 증거를 확보하기 위하여 감각들에게 호소한다 할지라도 감각들로부터 진리를 이끌어낼 수 없다는 것이 아주 명백하다. 따라서 우리는 이성에 의해서 파악되는 진리들의 원천을 이성 이하에서 찾을 수 있다고 기대할 수 없다.

정신이 물체 속에서 진리를 발견하지 못한다면 아마 정신은 그 자체로부터 진리를 유도할는지 모른다. 결과적으로 정신보다 더 열등한 실재로부터 진리가 솟아나지 않음으로, 진리가 정신에 의존한다는 것이다. 그러나 일차적으로 명백한 것은 진리가 모든 이성에 공통적인 한, 개별적인 이성의 결과가 아니라는 것이다. 그래서 그 진리를 빛의 종류로서 생각할 수 있다. 이 빛은 우리들의 것이나 너희들의 것이 아니고 개별적으로 어느 한 인간의 소유도 아니다.

그러나 그것은 개인적이면서 동시에 공적인 것이다. 우리 각자에 의해서 소유되지만 동일한 순간에 동일하고 불변하는 진리들을 지각하는 모든 사람들에게 동일한 것이다.

진리가 개별적으로 모든 이성보다 우월하다고 한다면 이성 일반에 대해서는 어떤 위치에 있는가. 진리는 이것에 대해서도 열등하지 않을 것이다. 만약 진리가 이성보다 더 열등하다면 그것은 우리의 판단의 대상이 될 것이고 그것에 의해서 판단 받지 못할 것이다.

그래서 우리는 감각적인 사물들을 판단하나 정신적인 진리들을 판단하지 않는다. 단지 그 정신적인 것들을 발견한다. 그리고 이것들에 의해서 우리는 그 외 모든 것을 판단한다. 그러므로 진리는 이성보다 더 열등하지 않은 것이다. 그렇다면 진리와 이성이 동등한 것이라고 해야 하는가?

우리가 물체들을 지각하고 그들의 특성들에 관해서 언급할 때 우리의 정신은 이미 언급한 바와 같이 열등한 것에 대해서 우월한 것으로서 물체들에게 작용한다.

다시 말해서 정신은 물체들을 판단한다. 그러므로 우리 각각의 정신은 감각적 사물들의 영역 전반에 걸쳐 판단자로서 작용한다. 또한 우리는 동일한 방식으로 정신이 그 정신 자체와 다른 정신들에게도 작용한다고 덧붙일 수 있을 것이다. 왜냐하면 우리가 한 인간에 관해 그가 능력 있거나 온순하다고 말하기 때문이다.

그러나 우리가 물체들과 정신들을 판단하기 위해서 정신에게 권위를 주는 규칙에 대해 정신이 어떻게 작용하는가를 알고자 할 때 정신은 이 규칙을 판단하지 않고 그것에 의해서 인도되고 그것에 예속된다는 것이 아주 명백하다.

어느 사람이 "7과 3은 10을 만든다"고 말할 때, 그의 역할을 말하자면 교정을 하는 비판자로서가 아니라 발견을 기꺼워하는 탐험자의 역할이다. 게다가 그가 발견하는 것은 그 자신에게 거의 의존해 있지 않다. 왜냐하면 참인 것은 영원히 참이며 영속적인 부동성 속에서 지속하는 반면, 정신이 진리를 파악할 때 진리의 소유는 항상 잠정적이고 불확실하기 때문이다.

따라서 진리는 자신이 조절하는 정신에 독립적이고 그 정신에 대해 초월적이다. 그런데 진리의 초월성을 발견하면서 정신이 발견하는 것은 다름 아닌 신의 존재라는 것이 동시적으로 드러난다. 그런 연유는 정신이 인간의 것으로 지각하는 것은 영원한 것이고 부동한 것이고 필연적인 것이기 때문이다.

물론 영혼이 자신의 정신으로 진리를 본다고 할 때 신의 본질 자체를 볼 수는 없다. 그러나 아우구스티누스는 영혼을 제한하지 않고 자신의 증명의 결론을 진술하고 있는 것이 사실이다. 그 결과 그는 진리를 인식하는 과정에서 정신은 그 자체를 넘어서는 법칙과 부동한 본질 즉 신을 지각한다고 간단하게 확약하고 있다. 다시 말해서 제일 생명, 제일 본질, 제일 지혜인 신을 지각한다는 것이다.

이러한 것은 신을 추구하는 아우구스티누스적 영혼에 의해서 추종되는 여정의 본질적인 개요이다. 그런 방법은 의심 없이 느리고 뒤틀린 듯한 느낌을 준다.

그러나 자신의 출발점으로부터 도달점 사이에 제시한 다양한 중간 단계들은 정신에 필요 불가결한 것은 아니다. 단지 논증의 비판적인 쟁점은 확실히 신이 정신 속에 현존하는 진리에 대한 유일한 기초로서 제시되는 마지막 것이다.

무슨 진리이든지 모든 진리는 증명의 출발점으로서 소용될 수 있을는지 모르나, 우리가 살핀 바와 같이 의심과 오류가 의심하는 정신의 존재를 증명하는 것으로 우리에게 드러나기 때문에 그것들은 적지 않은 확실성과 직접성을 가지고 신의 존재를 증명할 수 있게 한다.

나는 의심한다. 그리고 나는 내가 의심한다는 것을 안다. 그러므로 나는 적어도 하나의 진리는 확실히 인식한다. 왜냐하면 내가 의심한다는 것을 의심할 수 없기 때문이다. 만약 내가 이 진리를 확신한다면 어떤 근거로 그것을 확신하겠는가? 그것은 이 세상에 태어나는 모든 사람을 조명하는 제일의 진리가 존재하기 때문이다. 따라서 내가 의심한다면 나는 존재한다. 그런고로 내가 의심하는 것이 참이라면 신은 존재한다. 바

로 정신의 존재의 확실성은 신의 존재의 확실성을 내포하는
것이다.

### 5) 신의 존재증명

우선 이미 우리가 언급한 것에 의해서 아우구스티누스 안에
서의 신존재의 문제가 인식의 문제로부터 구별될 수 없다는
것이 명확해졌다. 우리가 진리를 파악하는 방도를 아는 것과
진리 자체의 존재를 인식하는 것은 하나이며 동일한 문제이
다. 그래서 그의 증명은 감각의 세계를 개입시키지 않고 오직
정신 내에서만 전적으로 성취된다.

하지만 그 증명이 감각의 세계를 배척한다고 말하는 것은
정확하지 않다. 그 증명이 감각세계를 요구하지 않을 지라도
필요하다면 그것 자신의 방식대로 감각의 세계에게 여지를 줄
수 있는 가능성이 있다. 바울의 유명한 구절(롬1:20)은 창조
된 우주를 검토하는 것을 시작으로 신의 불가시적인 속성에
관한 인식에로 누구나 상승할 수 있다고 가르치고 있다. 그의
모든 사람들처럼 아우구스티누스도 이 텍스트의 구절을 알고
있었고, 가끔 그 속에서 영감을 받는다.

그러나 그가 그 구절로부터 영감을 느꼈다고 할지라도 그것
에 대해서 제시한 해석은 전형적으로 아우구스티누스적이다.
그에게 있어서 신의 불가시성은 신의 이데아들이다. 그러므로
감각적인 것으로부터 시작하여 신을 인식한다는 것은 사물들

로부터 그들의 이데아들로 올라가는 것이다. 그래도 우리가 바로 살핀 것같이 물체들로부터 신적인 진리에로 가는 길은 정신을 통해서 이룩된다.

어쨌든 그렇다 할지라도 아우구스티누스의 증명에 있어서 정상적인 여정은 세계로부터 영혼, 영혼으로부터 신에로 나아가는 것이다.

몇몇 연구가들이 아우구스티누스가 감각적 세계에 원인의 원리를 적용하는 것을 기초로 해서 신의 존재증명을 완벽하게 발전시켰다고 주장해 왔다. 특별히 이런 증명은 세계의 우연성 증명으로서 중세기에 잘 알려진 증명이라는 것이다.

역시 아우구스티누스도 가끔 물체들의 세계의 유동성이 필연적인 존재 즉 신에 대한 세계의 우연성과 의존성의 증거가 된다는 사실을 명료화하고 있다. 그러므로 누구도 그의 사상이 이런 부류의 증명을 위한 필연적인 모든 요소들을 포함하고 있다는 것을 부정할 수 없다.

결과적으로는 이 증명이 진정한 아우구스티누스주의와 일치한다는 것을 부인할 수 없다. 더더욱 그는 때때로 세계 속에 있는 질서의 참 통찰이 그에게 신 존재의 직접적인 증명과 동일한 것처럼 보인다는 식으로 자신을 표면화한다. 그렇다면 이 두 가지 방법들을 어떻게 화해시킬 수 있는가? 우선 우리는 아우구스티누스 자신이 소위 신 존재의 증명이라는 것으로서 그런 종류의 형이상학적 반성과 헌신적인 향상들을 제시하지 않았다는 것을 관찰해야 한다.

그가 완전하게 발전시킨 모든 증명들은 정신을 통해 이룩하거나 정신에서 시작한다. 그러한 이유는 명백하다. 우리가 감각적 사물들의 본성과 본성의 기원에 관해서 묻는다면, 감각적 사물들은 우리에게 그것들의 유동성을 보여 줄 것이고 "우리는 우리 자신들을 만들지 않았다"와 같은 답변을 할 것이다. 그러므로 우리는 감각적인 것들의 원인에 도달하기 위해서는 그것들을 초월해야 한다. 하지만 그것들의 원인은 그것들이 유동적이고 우연적인 것으로 가지고 있는 것 즉 '비존재'인 것의 원인으로서는 도달될 수 없고, 그것들이 안정적인 것으로 가지고 있는 것 즉 '존재'의 원인인 한에서 도달될 수 있다. 감각적인 것들이 안정적으로 소유하고 있는 것은 수·질서·척도이다. 그런데 감각적인 것들의 수위에 이것들을 인식하고 있는 우리 정신의 수가 발견된다.

만약 우리가 이 정신의 수를 초월한다면 우리는 신인 자리 자체의 수에 도달하게 될 것이다. 그러므로 아우구스티누스의 사상이 제시되는 즉시 우리는 "자유의지에 관하여"와 "참종교에 관하여"에서 나타나는 길로서 즉 외적인 것으로부터 내적인 것에로, 내적인 것으로부터 우월한 것에로 인도되는 길을 발견할 것이다.

우리가 이런 시각으로 아우구스티누스의 증명을 관찰한다면 정신에 의해서 신에게 도달하는 아우구스티누스의 방법이 어떻게 중세기 동안에 감각적인 세계에 대한 상징적인 신비를 산출했는가를 쉽게 알게 된다. 사실인즉 신의 존재에 대한 일련의 감각적 증거가 아우구스티누스주의 안에 들어 있다. 세계는 그 창조자를 천명하고 우리를 신에게로 끊임없이 되돌린다. 왜냐하면 신적인 지혜는 모든 사물들 위에 자신의 흔적을 남겼기 때문이고, 사물들로부터 영혼에로 영혼에로부터 신에게 재인도 되기 위해서는 단지 그 사물들을 관찰하는 것으로 충분하기 때문이다.

아우구스티누스의 우주는 정신이 모든 사물들 안에서 신의 반영을 보는 맑은 거울로 제시된다. 이것은 후에 빅토리누스와 보나벤뚜라에 의해 다시 언급된다.

지금까지의 결과에 의하면 세계의 질서, 미, 운동 그리고 이것들이 내포하고 있는 우연성이 아우구스티누스의 신증명의 부분을 차지하고 있음을 알 수 있다. 이 다음 단계의 신존재의 증명은 감각적인 세계를 통해서 이행되지 않고 그 감각적 세계를 필요로 하지 않는다.

설사 그 증명이 거절한 세계의 사물들을 배척하지 않는다 할지라도 그 증명은 순수사고 위에 기초한 논증이 된다. 이러한 방법은 보다 추상적이기 때문에 형이상학자의 방법이라 할 수 있다. 이것은 더욱 영신적이어서 증명을 넘어서서 합일을 향해 뻗어나가는 신비주의자의 길이다. 이 같은 두 번째 양상은 신증명의 첫 번째 양상이 감각적 세계에 대한 중세기적 상징주의로 향하는 길을 준비한 것같이 신의 관념 속에서 신의 존재를 발견하고자 하는 안셀무스의 형이상학적 사색을 위한 길을 열어 준다.

아우구스티누스는 안셀무스와 같은 그런 증명을 직접적으로 발전시키지는 않았으나, 프로스로기온의 증명에로 인도되는 방향을 제시한다.

우선 아우구스티누스의 신증명들은 소위 말하는 실존의 체계 위에서 보다 오히려 본질의 차원에서 전반적으로 진행된다는 것을 지적하는 것이 중요하다. 그 증명들은 우리가 제일 동력인을 추구하는 실존들의 규정에서부터 출발하지 않고, 반대로 존재의 방식들의 관찰로부터 출발한다. 그리고 이 존재의 궁극적인 설명은 존재론적인 법칙이 유일하게 가능한 정의가 되는 존재 안에서 추구된다.

플라톤의 전통에 충실한 아우구스티누스는 존재에 관한 것보다 실존에 관한 것을 더 적게 사고한다. 그는 변화하는 것은 참으로 존재하는 것이 아니다라고 확신하고 있었기 때문에 그가 설명하고자 하는 우연성은 본래의 의미대로의 실존의 우연성이 아니라 존재들의 우연성이다. 자신들이 무엇으로 있는가에 대해서 아직 그것들 자신 내에 충분한 이유를 가지고 있지 않는 존재들의 우연성이다.

그래서 만약 어느 누구가 아우구스티누스의 신존재 증명들을 토마스 아퀴나스의 증명들과 동일한 의미로 해석하고자 한다면, 우리는 신의 존재에 대한 아우구스티누스의 증명을 올바로 이해하지 못할 것이다. 이 두 사상 안에서 신에로 향하는 '방법들'은 동일한 길을 따르지 않는다. 왜냐하면 그것들의 출발점이 다른 것처럼 종결점도 동일하지 않기 때문이다. 물론 그것들이 목표로 하는 것은 동일한 신이고 동일한 호칭으로 지칭되는 동일한 신이다.

그러나 성 토마스가 특별히 최상의 존재(Esse)의 실존 또는 실재하는 본질적인 현실태를 증명하고자 하는 반면, 아우구스티누스는 무엇보다도 참 존재(Vere Esse)에 의해서 즉 존재라는 타이틀을 완전히 가질 만한 존재에 의해서 경험 속에 알려진 사생된 존재(esse)를 정신이 설명해야 한다는 의무를 강조하고자 한다. 그런데 플라톤에서처럼 아우구스티누스에게도 참존재(ontos on)는 본질적으로 그 자체와 동일시되는 것이어서 결과적으로 부동한 것이다.

이러한 실재적인 실재 즉 참 존재가 바로 아우구스티누스가 본질(essentia)이라고 부르는 것이다. 그리고 그의 증명의 모든 체계는 그 자체와 동일하고 완전하게 부동하고 그로 말미암아 완전하게 실재하는 이런 존재 즉 우리가 신이라고 부르는 존재의 실존을 확실시하려는 그의 의도에 의해서 설명된다.

아우구스티누스는 신 자신이 성서 출애굽에서 자신의 것으로 천명한 이름에 대해서 어떤 다른 해석을 가하지 않는다. 모세가 그의 이름을 물을 때 천사를 통한 주님이 모세에게 "나는 존재하는 바 그노라"(Ego sum qui sum) 그러기에 "존재하는 이가 나를 당신들에게 보내었다"고 "이스라엘 자손에게 말하라"라고 말하였다. 여기서 존재는 부동성을 나타내는 용어이다. 모든 유동적인 사물들은 그것들이 존재하는 바의 것이 되기를 중단하고 존재하지 않는 바의 것이 되기 시작한다. 그러므로 오직 변화하지 않는 그분만이 참된 존재, 순수존재 진정한 존재이다.

또 그분은 우리가 "당신은 사물들을 변화시킬 것이고 사물들은 변화할 것이다. 그러나 당신은 항상 동일한 분이다."(시 101:27-28)라고 말하는 존재이다. 따라서 "나는 존재하는바 그노라"하는 것은 "내가 영원하다"라고 하는 것이 아니다면 무엇이겠는가? 또 그것은 "내가 변할 수 없다"라고 하는 것 외에 무엇이겠는가?

이렇게 아우구스티누스의 증명들이 신의 '본질성'의 현현에로 방향 지어져 있기에 신적인 본질(essentia)의 내용 속에

서만 신의 증명을 추구하려고 하는 것은 자연스러운 일이 된
다. 그러므로 아우구스티누스는 변증법을 추종하지 않았지만
안셀무스와 그 중세 계승자들이 신존재의 증거를 확립하기 위
해서 그들의 변증을 실행할 수 있게 하는 근거로서의 존재론
을 구축하였다고 할 수 있다.

　우선 인간의 정신뿐만 아니라 정신의 소여 즉 인간을 넘어
서는 것은 무엇이든지 신 이외 다른 것이 될 수 없다는 사실을
초월해서 신을 추구하는 것은 으뜸으로 중요한 형이상학적 결
단이었다. 그래서 아우구스티누스가 신의 관념으로부터 그것
의 실존에로의 직접적인 변천을 특별히 권장하고 있지 않는
것이 사실이지만, 신에 도달하기 위해서 초월해야 하는 정신
의 소여가 그것의 내용이 무엇이든지 간에 진리이기 때문에
부동성과 영원성이라는 신적인 속성들의 반영을 본다.

　그 결과로 아우구스티누스의 증명은 본질적으로 신적인 본
질의 근본적인 필연성에 정신을 예속시키는 행위가 된다. 그
래서 신이 존재할 것이다가 아니라 신이 존재한다라는 것을
증명한다. 그러므로 이와 같이 초월적인 소여의 인간정신 속
에서의 현존은 그것의 대상의 실존을 내포한다. 우리가 신에
관해서 가지고 있는 관념의 충분조건을 신 자신에서만 발견하
고자 하는 이러한 뿌리깊은 경향은 아우구스티누스의 형이상
학과 안셀무스, 보나벤뚜라, 둔스 스코투스, 데카르트의 형이

상학들을 연결하는 끈이다.

그러나 아우그스티누스가 추진한 형이상학적 논증은 어떤 의미에서는 그것이 영향을 준 논증들을 훨씬 능가한다. 왜냐하면 그의 논증은 한 논쟁이나 논쟁들의 연속이 아니라 그것의 최후를 장식하는 신비주의를 동반한 완전한 형이상학 내지 윤리학이기 때문이다.

원초적인 의심, 신앙에로의 요청, 정신의 확실성, 영혼의 영신성과 진리의 초월성 등 증명의 연속적인 각 단계는 그것의 형이상학적 해석이 인식 가능하게 되기 위해서 중요하게 묵상해야 하는 개인적인 체험의 번안이다.

우리는 아우구스티누스의 진리에 관한 관심에서 칸트와 같은 논리적이고 체계적인 구성을 찾아볼 수 없다. 그러나 그의 진리론은 이론을 위한 이론이 아니라 행복을 위한 이론이라고 해야 하겠다. 이런 행복주의가 바로 그 철학의 출발점이자 특징이다. 그렇다면 그 행복의 대상은 바로 그리스도교의 신이다. 이 신에게로 이르는 여정이 바로 그의 삶이자 그의 사상이다. 아우구스티누스는 실로 찾는, 찾아 나서는 그리고 찾아 헤매는 삶을 살았다. 그리하여 그는 살아가면서 끝없는 방황과 혼미를 거듭했다.

그의 사상은 한 마디로 하나의 여정이었다. 그것은 "신에게로 향한 정신의 여정"(Itinerarium mentis in Deum)이었다. 그러므로 "주님 당신은 우리가 당신에게로 향하도록 그렇게 우리를 만드셨나이다. 그리하여 우리가 당신 속에서 쉬기까지는 우리 마음이 불안하나이다." 라는 고백록 첫마디는 그의 사상을 잘 대변해 준다 하겠다.

## 2 . 신적인 영원과 창조의 시간

아우구스티누스는 창세기의 천지창조의 수수께끼를 해명하기 위해서 시간의 문제를 제기한다. 그러므로 시간의 문제 특히 시간과 영원의 관계는 아우구스티누스의 창조에 관한 성찰을 통해서 발생한 문제이다.

그러나 아우구스티누스는 세계창조를 철학적으로 이해하려고 할 때 문제점이 많다는 것을 시인하고 있다. 그래서 우리는 세계창조에 대해서 논하게 될 때 "무엇으로부터 세계가 창조되었고 또한 언제 그 세계가 창조되었는가?"라는 질문을 하게 된다.

일반적으로 세계 기원의 문제에 대한 대답의 가능성은 세계가 어떤 형이상학적인 질료로부터 만들어졌다는 '형성설'과 세계가 신 자신으로부터 유래되었다고 보는 '유출설'과 무로부터 창조되었다는 '창조설'이 있다.

형성설은 세계 기원에 대한 이원론적인 설명으로서 그 대표자는 플라톤이고, 유출설은 이원론적인 이론으로서 아우구스티누스에게 많은 영향을 끼친 플로티노스가 그 대표자이다. 그러나 아우구스티누스는 플라톤적 이원론과 플로티노스의 일원론을 다음과 같이 간명하게 비판하고 있다.

"그들은 당신에 의해서 무로부터 창조되었습니다. 그들은 당신에서 나온 것도 아니고, 당신이 아니 어떤 물질에서 만들어진 것도 아닙니다(de nihilo enim a te, non de te facta sunt, non de aliquae antea fuerit)"[6]

따라서 아우구스티누스는 세계창조에 대해서 '무로부터 창조(creatio ex nihilo)'라는 개념과 '영원으로부터(ab aeterno)'라는 것으로 대답한다. 무로부터의 창조, 이것은 그리스도교 사상이 물고 온 커다란 사유전환으로 이러한 사상은 일찍이 희랍철학이나 희랍철학과 그리스도교사상의 혼합이라고 할 수 있는 그 노시스사상에서조차도 찾아볼 수 없는 것이다. 무엇보다도 신에 대한 개념에 있어서 희랍철학은 전지전능한 유일신을 갖지 못하였으며, 설사 그런 신의 개념을 가졌다 하더라고 그 신의 기능을 '무로부터 창조'라는 데까지는 이르게 하지 못하였다. 기껏해야 존재사물은 '무엇으로'만들어졌으며 '어떻게 만들어졌느냐고 물음으로써 그 해답으로 '순수질료'와 '운동인'따위를 사유했다. 그런데 질료라는 것도 무규정적이지 무는 아니다. 그것은 규정되기 이전의 상태로 있는 어떤 것일 뿐이다. 이렇

---

6) Confessiones XIII 33,48.

게 볼 때 도대체 희랍철학에서는 그리스도교에서 말하는 무 즉 신에 의한 천지창조이전의 상태라는 의미에 있어서의 무개 념을 찾아볼 수가 없다.

그러므로 무로부터의 창조라는 것은 고대사상의 전환점을 이루는 것으로 시간과 세계의 절대시작을 의미한다. 세계창조 가 시간 안에서 이루어진 것이 아니라 시간과 함께 생긴 것을 의미하는 것이다. 그러므로 "태초에 신이 하늘과 땅을 창조하 였다(In principio Deus fecit caelum et terram)"7)라는 창세기의 첫 번째 구절의 해석은 세계가 시작을 가진다는 것 을 의미한다. 이것은 희랍전통 특별히 세계의 영원성을 고백 하는 아리스토텔레스에 의해서 표상된 전통에 반대된다.

그는 천체운동의 영원성으로부터 시간의 무한성을 이끌어 넘으로써 천체운동이 영원하고 시간이 무한하다는 확신을 준 다. 그런데 이렇게 세계가 시작한다는 관념은 철학적 이성에 상치된다고 생각하는 몇 사람에 반대를 유발하게 한다. 그래 서 성서를 반대하는 사람들은 "신이 세계를 창조하기 이전에 는 무엇을 하고 있었는가?"8)라고 맞선다. 우리는 그 반대론을 다음 두 가지로 나눌 수 있다.

그 첫 번째 것은 세계는 시작이 없고, 신에 의해서 창조되지 않았다는 마니케이즘의 견해이다. 두 번째 것은 역시 세계가

---

7) Confessiones XI,3,5.
8) Confessiones XI 10,12.

시작이 없으나 신에 의해서 창조되었다고 보면서, 시간은 시작도 끝도 없다고 보는 '일자'로부터의 존재의 영원한 산출을 주장하는 네오플라톤이즘의 견해이다.

아우구스티누스는 이런 반대론에 대해 '신에 대해서 지나치게 많은 것을 알고자 하는 사람들을 위해 신은 지옥을 만들지 않았는가?'라고 반문하지만 위의 반대론에 대해서 명확한 응답을 한다.

첫 번째 응답은 마니케이즘에 의해 유도된 것으로 그 창조 전에 신은 무엇을 했는가 라는 반대 자체가 그 의미를 상실하고 있다는 것이다. 왜냐하면 '신이 무엇을 했다면 창조만을 행했기'9) 때문이다. 이것은 바로 존재하는 모든 것은 신의 과업이라는 것으로 마니케이즘의 이원론에 정면으로 반대되는 것이다. 두 번째 응답은 네오플라톤이즘의 논쟁을 무화시키는 것으로서 시간은 하늘과 땅의 존재와 함께 그 존재의 시작을 갖는 신의 창조물이라는 것이다.

"당신께서 바로 이 시간을 창조하셨으며 당신께서 시간을 창조하시기 전에 시간이 흐를 수 없습니다(id ipsum enim tempus tu feceres tempora)"10)

그러므로 '창조의 전'의 문제는 그릇된 것이다. 다시 말해서 시간 전에 시간을 두게 되는 것은 모순적인 것이므로 '창조의

---

9) Confessiones XI 12,14.
10) Confessiones XI 13,15.

전'이라는 것은 존재치 않는 것이다.

"만일 하늘과 땅이 생기기 전에 시간이 있지 않았다면, 왜 우리는 당신이 그때 무엇을 했는가를 묻고 있습니까? 사실 시간이 있지 않는 곳에 '그때'란 존재치 않을 것입니다."11)

그러나 아우구스티누스는 이러한 해결로 만족하지 않고 앞선 반대가 인간적 시간에 대한 신적인 영원 즉 신적인 지속의 초월성에 대한 몰이해에 의한 것임을 보여준다. 사실 희랍에서의 영원의 개념은 부동한 관념의 영속성 이든지, 시간의 무제한으로 표현되었다. 특별히 플로티노스는 '영원과 시간에 관한 논고'에서 '일자'는 영원을 넘어선 것이고 누우스 즉 정신의 단계에 영원히 실현된다고 한다. 이 정신적인 것의 영원은 미래와 과거가 인식되지 않아서 그 시작과 끝을 알 수 없는 현재로서 '동시적으로 전체'인 것으로 정의된다. 그러나 아우구스티누스에게 있어서 시간에 대한 영원의 초월성은 인격적인 신의 초월성이다. 그래서 다음과 같이 말한다.

"당신은 시간으로 시간을 앞서는 것도 아니고, 그렇다고 모든 시간을 앞선다고 이를 수 없습니다. 그러나 당신이 모든 과거 시간을 앞서는 것은 늘 현재하는 영원성의 초절에 따라서입니다"12)

따라서 신은 모든 인간을 벗어나 있다. 이것은 시간 안에서

---

11) Confessiones Ⅺ 13,15.
12) Confessiones Ⅺ 13,16.

시간을 앞질러 가는 것이 아니라, 논리적인 먼저를 뜻하는 것이다. 그래서 신에게 어떠한 시간범주도 적용이 불가능한 것이다. 그러므로 시간과 영원은 상호 상반되는 것이다. 영원과 시간의 무한성이 혼동되어서는 안 된다. 그런데 우리는 영원을 시작과 끝을 가지지 않는 무한한 시간으로서 상상한다. 바로 이런 상상에서 우리는 신이 세계를 창조하기 전에 무엇을 했는가 라는 질문으로 인도되는 것이다.

그러나 영원은 시간과 모순되는 것으로서만 파악된다. 즉 시간적인 현재의 과거 속에서 무한정한 역급과 미래 속에서의 무한정한 연장이 아니라, 시간 밖의 절대적인 존재로 인지된다. 아우구스티누스에 의해 발전된 이런 영원의 순수개념을 가장 단명하게 번안한 형식은 의심 없이 홉스철학의 형식일 것이다. "시간의 무한한 계승이 아니라, 흘러가지 않는 현재이다(non temporis sine fine successio, sed nunc stans)"

이와 같이 아우구스티누스는 신적인 영원의 절대적인 성격의 긍정에 의해서 반대자들에게 응답한다. 그러나 동시에 그는 시간의 본질 문제로 나아간다. 영원이 시간에 상반되는 것으로 파악된다면, 우리가 영원의 명상으로 고양되기를 원할 때 시간의 고찰로부터 출발해야 한다는 것이다. 그러나 우리의 경험에 친숙한 시간의 본질을 파악하고자 할 때 생기는 어려움을 아우구스티누스는 다음과 같이 고백하고 있다.

"도대체 시간이란 무엇인가?(Quid est ergo tempus?) 만일 아무도 묻지 않는다면 나는 시간이 무엇인지 알고 있습니다. 그러나 나에게 묻는 자가 있어 그에게 시간을 설명하려고 하면 나는 모릅니다(Si nemo ex me quareat, scio ; si quaerenti explicare velim, nescio)"13)

이것은 바로 시간의 분석이 드러내는 패러독스적인 성격을 말해 준다.

## 3 . 시간의 존재지각

### 가. 시간의 존재에 대한 아포리아

시간이란 도대체 무엇인가? 먼저 우리가 이해하고 넘어가야 할 것은 우리가 책상이나 나무나 또는 사람들의 존재의 본질에 대해서 물을 수 있듯이 시간이 무엇이냐고 그 본질을 물을 수 있는가 하는 것이다. 어떤 존재의 본질을 이해한다는 것은 바로 그것의 있음(that which is)을 파악하는 것이다. 그러나 시간이라고 하는 것은 항상 지나가고 있기 때문에 그의 본질을 이해하기란 대단히 힘들다.

그러므로 엄밀히 말한다면 Quid est tempus라고 몰을 수가 없다. 그런데 아우구스티누스는 시간의 본질을 다음의 일

---

13) Confessiones XI 14,17.

상적인 앎을 통해서 전개해 나간다.

"흘러가는 무엇이 없을 때 과거의 시간이 있지 않고, 흘러오는 무엇이 없을 때 미래의 시간도 있지 않을 것이고, 아무것도 없을 때 현재라는 시간도 있지 않을 것이다(quod, si nihil praeteriret, non esset praeteritum tempus, et si nihil adveniret, non esset futurum tempus)"14)

이렇게 시간이 사건의 흐름과 관계되어 있다는 인식은 시간이 무엇인가를 발견하는 첫 번째 단계이다. 따라서 우리는 먼저 지나가 버린 사건, 다가올 사건, 지금 있는 사건이 있다는 것을 확신할 수 있고, 또 이 확신 속에서 세 가지 시간 양상 즉 과거·현재·미래가 있다는 것을 알 수 있다. 하지만 아우구스티누스는 그것들의 현재양상에 관해서 다음과 같이 의문문의 형태로 반문하고 있다.

"과거는 이미 지나가서 지금 존재하지 않고, 미래는 아직 오지 않아서 지금 존재하지 않는데, 이 두 가지 시간양상 즉 과거와 미래가 어떻게 존재하는 것인가?(duo ergo illa tempora, praeteritum et futurum, quomodo sunt, quando et praeteritum jam non est, et futurum nondum est)"15)

그렇다면 현재는 무엇인가? 이것도 항상 지속할 수 없고 영속적으로 존재할 수도 없다.

---

14) Confessiones XI 14,17.
15) ibid.

"만약 현재라는 시간이 항상 현재로 남아 있어 과거의 시간으로 흘러 지나가지 않는다면 그것은 분명히 시간이 아니고 영원일 수밖에 없다. (praesens autem si semper esset praesens nec in praeteritum transiret, jam non esset tempus, sed aeternitas) "16)

그러나 영원(aeternitas)이란 신의 존재방식이고, 시간은 신에 의해 피조된 것이다. 그러기에 신에게만 귀속되는 영원은 현재에 귀착될 수 없다. 그러기에 시간의 피조성에 의해서 아우구스티누스는 시간은 피조물인 시간표상을 갖는다.

"만약 현재시간이 과거의 시간으로 지나가기 때문에만 존재하게 된다면, 그것이 현재에 '있다'고 우리가 어떻게 말할 수가 있을 것인가? 그것은 현재시간의 존재이유가 지나가 없어져 버린 데 있다는 말이 되지 않겠는가? (si ergo praesens, ut tempus sit ideo fit, quia in praeteritum transit, quomodo et hoc esse dicimus, cui causa, ut sit, illa est, quia non erit, ut scilicet non vere dicamus tempus esse, nisi quia tendit ad non esse) "17)

이같이 아우구스티누스에 의하면 시간이란 비존재(non esse)로 흘러가는 것으로만 존재하고 있는 것이다. 따라서 우리가 시간의 본질을 어떤 주어진 존재로 이해하려고 한다면 그것은 알 수 없는 수수께끼(aenigma implicatissimum)로 되고 만다. 과거는 이미 없고(jam non esse), 미래는 아직 없는 것(nondum esse)이고, 현재는 또한 그것의 존재이유

---

16) ibid.
17) ibid.

가 존재하지 않는 것이라는 데 있기 때문이다. 단적으로 시간
이란 존재하지 않는 것으로 흘러 지나가는 것으로만 존재하는
것이므로 파악할 수 없는 것이다.

이와 같은 시간에 관한 기본적인 아포리아는 우리가 이미
살펴본 것같이 아리스토텔레스가 자연학 제IV권 10장의 서두
에서 밝힌 아포리아이다. 아우구스티누스도 아리스토텔레스
와 같은 시간에 관한 예비적인 검토에서 드러난 난점을 숙고
하면서 시간의 문제를 논의하고 있다. 다시 말해서 시간표상
의 패러독스적 성격을 보여주는데는 아리스토텔레스를 따르
고 있다.

그러나 시간에 대한 일상적인 개념에 의해 제공되는 패러독
스의 분석은 아리스토텔레스의 것보다 그 궁극적인 해결점을
위해서 더 오래 지속되고, 아우구스티누스는 그 다음의 전개
과정에서 아리스토텔레스의 것과 달리 적극적인 해결점을 발
견한다. 그러나 아리스토텔레스의 예비적인 검토의 아포리아
는 그가 시간의 본질분석으로 나아갈 때 뒤에 남겨져 버린다
는 인상을 받게 된다.

어쨌든 아우구스티누스는 한편으로 무한한 시간. 영원의 상
상적인 표상과 부동하고 무시간적인 영원의 개념에 반대할 때
는 플라톤을 따르며, 다른 한편으로 그가 시간표상의 패러독
스적인 성격을 보여줄 때는 아리스토텔레스를 추종하고 있다

고 할 수 있다.

　계속해서 아우구스티누스는 이러한 시간의 아포리아를 언어에 대한 반성을 근거로 해서 유지한다. 우리의 언어습관에 고정된 공통적인 감각을 관찰하여 분석해 보면 "우리는 긴 시간이니 짧은 시간이니 하면서 과거와 미래를 들어 말하고 있다. 이를테면 긴 과거란 백년전 도는 긴 미래란 백년 후를 가리키고 짧은 과거이면 10일 전 또 짧은 미래이면 10일 후라고 부르는 것이다. 그러나 어떤 의미에서 존재하지도 않는 것을 길다, 짧다라고 할 수 있는가? 과거는 이미 안 있는 것이고, 미래는 아직 있지 않는 것이기 때문이다."[18]

　이러한 것은 더욱 어려움을 깊게 한다. 과거를 숙고해 본다면 우리는 그것이 이미 흘러간 뒤에 길었다고 할 수 없음을 발견한다. 왜냐하면 그것은 더 이상 존재하지 않고, 존재하지 않는 것은 길 수 없기 때문이다. 그래서 과거가 존재한 동안 즉 흘러가 버리기 전에 길 수 있는 것이다. 그러므로 우리는 과거 시간이 길었다 하고 말하는 대신에 그것이 아직 현재였을 동안에 길었다고 말해야 할 것이다. 왜냐하면 그것이 흘러가 버리자마자 존재하는 것이 그치고 길 수도 없기 때문이다. 그래서 시간은 그것이 실재로 존재하지 않는다면, 다시 말해서 현재가 아니라면 길 수 없다는 것이 확실해진다.

---

18) Confessiones Ⅺ 15,18.

그렇다면 우리는 현재시간이 길 수 있는가를 고찰해 보아야 한다. 그런데 아우구스티누스는 여기서 현재시간이 길 수 있는 것인가 하는 질문에 대한 대답을 호소하면서 '인간영혼'이라는 호칭을 사용하고 있다. 왜냐하면 시간의 흐름을 측정하고 지각하는 힘을 가진 것은 영혼이기 때문이다. 이런 호칭은 고백록 전체의 자기성찰의 방식과 조화를 이루는 것으로 후에 고찰하겠지만 아우구스티누스의 시간문제의 해결에 아주 중요한 것이다.

아리스토텔레스가 수로서의 시간의 견해를 통해서 시간에 관한 심리적 양상을 함축하고 있다고 하나 충분하게 설명되지 않았다. 하지만 아우구스티누스는 J. Callahan이 명명한 대로 시간에 관한 심리적 접근의 중요성을 확실하게 남기고 있다. 전적으로 플로티노스에 의해서 영향을 받은 아우구스티누스의 독창성은 표상된 시간 즉 패러독스한 시간을 심리적 경험 속에서 그 원천을 가지는 개념의 결과이다.

현재시간이 길 수 있는가를 숙고함에 있어서 우리는 우선 금세기 즉 백년이라는 것이 현재일 수 있는가를 생각해 보고 다음에 그것이 길 수 있는가를 살펴보아야 할 것이다. 백년의 그 첫해를 두고 생각해 보면 아흔 아홉 해는 미래이니 아직 없는 것이다. 둘째 해를 놓고 보자. 한 해는 벌써 지나갔고 또 한 해만 현재, 그리고 나머지 해들은 다 미래이다. 이렇게 백이라는 숫자의 해를 놓고, 그 한 토막을 현재로 간주할 때 혹은 그 이전의 과거 혹은 그 이후의 미래가 있을 것이다.

그러므로 우리는 백년이라는 것이 현재일 수 없다는 것을 발견한다. 그렇다면 우리가 금세기 백년에서 금년을 생각해 보자. 하지만 여기서도 우리는 전체 일년이 현재가 아니고 단지 한 해를 구성하는 십이 개월의 한 달만이 현재이다라는 것을 발견한다. 또한 한 달을 생각해 보아도 단 하루만이 현재라는 것을 발견한다.

이렇게 해서 우리가 앞에서 길 수 있다고 말한 현재시간이 금세기 즉 백년에서 오늘 즉 하루로 축약되었다. 그러나 하루인 24시간도 한 시간 만이 현재이다. 또한 이 한 시간조차 동시적으로 모두가 현재가 될 수 없는 속절없는 순간들로 구성되어 있다. 만일 순간이 찰나고 더 이상 쪼갤 수 없는 시간의 어떤 것이 있다면, 이것만이 현재라고 부를 수 있을 것이다. 하지만 이것마저 미래에서 과거로 흐르는 움직임이 너무 빨라서 연장을 가지지 못한다.(praesens nullum habet spatium)[19]

왜냐하면 이 현재가 연장을 가진다고 해도, 과거와 미래로 분해되어 버리기 때문이다. 만약 이 현재가 연장을 가지지 않는다면 시간을 가리켜 길다 함은 무엇인가? 현재시간은 연장을 가지지 못하기 때문에 길 수 없는 것이다. 금세기, 금년, 이

---

[19] Confessiones XI 15,19-20.

달 등으로 나타나는 현재는 실재성을 부여할 수 있는 어떤 지속의 연장도 가질 수 없는 것이다.

그 이유를 다른 표현으로 하자면 현재는 과거와 미래라는 무성에 의해서 단절되어 있기 때문이다. 이와 같이 현재가 연장이 없이 무에 의해서 단절되어 있다면 도대체 시간의 측정이라든가, 역사관찰의 기초를 어디에서 구할 것인가?

그러므로 지금까지 살펴본 것과 같이 시간의 새 양태인 과거·현재·미래는 항상 비존재(non esse)로 흘러가 버리는 것이다. 그것은 아우구스티누스의 시간방향에 따라 미래-현재-과거의 방향으로 흘러가 버린다. 다시 말해서 아직 있지 아니한 것에서부터, 연장이 없는 것을 통해서, 이미 없는 것으로 무상하게 흘러가는 것이다. 이렇듯 시간은 항상 비존재에로 흘러가는 것으로만 있는 까닭에 시간의 본질을 파악하기란 불가능하다.

그러나 우리는 실제로 이미 지나간 과거를 말하고, 아직 오지 않는 미래를 예측하며, 지나가는 이 순간을 현재라고 부르지 않는가? 마찬가지로 과거나 미래의 시간에 대해서 길고 짧음을 말하고 있지 않는가? 그래서 우리는 상식적인 견해에 벗어난다는 이유에서 시간의 아포리아 내지 패러독스라고 하고 그것을 논한 것이다. 그러나 이 역설은 그 자체로 부정적인 것이 아니라 대화록에서 아직 도달하지 못한 건전하고 총체적인 견해로 향하는 움직임이다.

특히 현재를 연장이 없는 것으로 보는 것이 상식적인 신념에 대한 회의적인 배척이라고 결론짓는 것은 전적으로 시기상조이다. 아우구스티누스는 다른 차원에서 시간의 본질을 파악하고자 사색의 새로운 단계를 열어간다. 아우구스티누스는 다른 차원에서 시간의 본질을 파악하지 않는다면, 시간은 설명할 수 없는 수수께끼로 남아 있게 되겠기 때문이다.

## 나. 시간의 세 가지 존재양상

시간의 아포리아에서 시간이 항상 비존재(non esse)로 흘러가 버리는 것으로 있다면 엄밀한 의미에서 Quid est tempus 즉 시간의 본질을 파악한다는 것이 불가능하게 되어 버린다. 이에 대해 아우구스티누스는 시간의 본질을 다른 차원에서 파악하려 한다. 우리는 앞장에서 시간은 연장을 가지지 않음으로 측정할 수 있는 간격을 내포하고 있지 않는다는 결론에 도달하였다.

그러나 이것은 우리의 경험과 일치되는 것처럼 보이지 않는다. 왜냐하면 "우리는 실제로 시간의 간격들을 지각하고, 이것들을 서로 그 길이에 있어서 비교를 하기 때문이다."[20] 그래서 우리는 이 간격이 저 간격보다 얼마만큼 긴지 짧은지를 측

---

20) Confessiones XI 16,21.

정해 보고선, 이것은 두 곱, 세 곱, 저것은 비등하다고 한다. 그렇다면 시간은 어떻게 존재하는가?

시간에 대한 우리의 감각을 통해서 우리가 시간의 간격들을 측정할 때, 그것은 간격들이 흘러가는 동안에만 가능한 것이다. 그 이유는 간격들이 이미 과거 또는 미래라면 우리가 존재하지 않는 것을 측정할 수 없기 때문에, 그것들이 측정될 수 없다는 데 있다. 그러므로 시간은 그것이 흘러가는 동안에만 지각될 수 있고 측정될 수 있는 것이다.21) 따라서 앞에서 살펴본 것처럼 아우구스티누스는 현재시간이 연장을 가지고 있지 않다고 보았지만, 시간은 현재 안에서 어떤 연장의 종류를 가진 것으로 숙고되어야 한다.

이것은 연장된 시간의 간격을 지각하고 측정하는 것은 자기성찰에 의해서 된다지만, 자기성찰과 분석은 우리가 현재가 아니라면 간격들을 측정할 수 없다는 것을 말해 준다. 그런데 시간의 연장된 간격이 현재여야 된다는 이 진술은 현재가 연장 없이 있다는 앞의 결론과 모순되는 것처럼 보인다. 그러나 이러한 역설로부터 아우구스티누스의 시간의 본질은 명확히 될 것이다.

아우구스티누스는 계속해서 현재만이 존재한다는 우리들의 견해는 과거·현재·미래라는 세 가지 시간이 있다는 교사들

---

21) ibid.

의 가르침과 상반되는 것처럼 보인다고 한다. 과거와 미래는 지금 안에 있으므로 현재만이 참으로 존재하는가? 아니면 과거와 미래가 존재하는 것이어서 "현재는 그것이 미래에서 현재가 될 경우이면 어느 그윽한 데서 나오고, 현재에서 과거가 될 경우에는 어느 아득한 데로 흘러가 버리는 것인가?"22) 그러므로 우리의 의식으로부터 언제나 감추어져 있지만 현재와 같이 과거와 미래도 존재하지 않는가? 이러한 견해를 지지하기 위해서, 미래의 시간을 예견하는 사람이 아직 존재하지 않은 것을 예견하는 것은 어디에서인가 하고 물을 수 있다. 왜냐하면 존재하지 않는 것은 예견될 수 없기 때문이다. 마찬가지로 사람들이 과거사건을 이야기할 때, 그들의 이야기는 자신들의 '정신의 눈'으로 과거사건을 보지 않았다면 진실이 아닐 것이다.

또한 이 사건이 존재하지 않는다면 그것은 전혀 보여질 수 없다. 그러므로 우리는 과거사건과 미래사건은 존재한다고 결론 지울 수 있을 것이다. 그렇지 않고서야 미래를 예견하는 예언자들이 미래를 볼 수 있겠는가? 아직 존재하지 않는 것은 볼 수도 없기 때문이다. 또한 과거를 이야기하는 역사가들이 어떤 의미에서는 실제로 과거를 보지 않는가? 과거가 존재함이 없이는 보일 수도 없을 것이다. 따라서 미래와 과거는 어떤 방

---

22) Confessiones XI 17,22.

식으로는 존재하는 것이 아니겠는가?

이 시점에 와서 우리는 시간의 존재에 대해 실마리를 가진다. 다시 말해서 과거와 미래의 존재에 대한 이해의 실마리를 발견하고 그것들의 존재가 현재의 어떤 양태로 있음을 제안하게 된다. 왜냐하면 미래로서 어디에 있다고 한다면 거기엔 존재하지 않는 것이고, 과거로서 어디에 있다고 한 대도 이미 거기엔 존재하지 않는 까닭이다. 그래서 아우구스티누스는 다음과 같이 말한다.

"오직 현재만이 있습니다. 왜냐하면 과거와 미래가 어디 있든 내가 알 수 있는 것은 다음과 같은 것, 즉 과거와 미래가 어디 있든 거기에 있어서 그것은 미래도 아니고 과거도 아니며 현재하는 것입니다. 사실 거기에 있어서도 미래라고 한다면 그것은 거기에 아직 없고, 또 만일 거기에 있어서도 과거라고 한다면 그것은 거기에는 이미 없기 때문입니다. 그러므로 어디에 있든 무릇 있는 것은 오직 현재로서만 있습니다."[23]

그러므로 과거사건과 미래사건들이 무엇이 되었든 어디에 있든 현재로서만 존재하는 것이다. 그러나 아우구스티누스는 과거와 미래가 존재한다는 이러한 논쟁으로 만족하지 않는다. 그래서 그는 현재에 이루어지는 것들을 예로 들면서 논지를 계속한다.

누가 과거사건들을 이야기할 때, 그것은 과거가 되어 버린

23) Confessiones XI 18,23.

사건들 자체가 아니라, 사라져버리고 더 이상 있지 않는 그 사건들의 영상에 의해서 가능해진다. 그 사건들은 감각을 통해서 정신에다 그 자신들의 자취를 남겨 놓았기 때문이다.

"이를테면 나의 소년기는 다시는 존재하지 않는 과거의 사건, 현재에 존재하지 않는 것이다. 그러나 추억을 더듬어서 이야기할 때 나는 그 영상을 현재로서 본다. 이것은 사건 자체가 아니라 그것의 영상이 내 기억 속에 남아있기 때문이다."24)

그러므로 과거는 과거사실 자체가 아니라 과거사실의 영상으로서 내 기억 속에 현재로서 있는 것이다. 따라서 아우구스티누스는 존재하는 어떤 것이 과거인 것으로 나타나더라도 현재이고, 또한 존재하는 것은 과거사건 자체가 아니라, 그것의 영상이라는 것을 보여주고 있다. 또 영상이 존재하는 장소는 영혼의 기억이다.

그렇다면 비슷한 원리가 미래를 예언하는 경우까지 확장될 수 있는가? 아우구스티누스는 미래사건이 위와 비슷한 방법 즉 시간자체가 존재하기 전에 지각되는 시간의 영상을 통해서만 예언될 수 있는지 그것은 확실하지가 않다고 자인한다. 그러나 그는 미래 행동에 관해 심사숙고할 경우를 들어 위와 비슷한 방법을 적용한다. 우리는 미래의 우리 행동을 앞서 생각할 경우 예견은 현재이고 행동 자체는 아직 미래이다. 그런데

---

24) ibid.

우리가 일상생활에서 미래를 예견할 때 아직 존재하지 않는 미래사건 자체는 지각할 수 없고, 이 시간 자체를 먼저 보여주는 그것의 원인 또는 일단의 표징만을 지각할 수 있다. 하지만 이 원인 또는 표징은 미래가 아니라 현재이다. 그래서 정신은 현재인 이 원인 내지 표징으로부터의 추론에 의해서 미래사건을 예견하는 것이다.

아우구스티누스는 이것을 뒷받침하기 위해서 하나의 예를 들고 있다. "우리가 먼동이 트는 것을 볼 때 해가 떠오르리라고 예상한다. 그런데 예상하기 위해서는 우리의 정신의 관찰을 통해서 형성한 떠오른 해의 영상을 가져야 한다. 그런데 이 먼동과 정신 속에 떠오르는 해의 영상은 현재이고, 이들로부터 우리는 미래의 해의 떠오름을 예상한다." 따라서 미래사건은 그것이 존재하지 않으므로 지각될 수 없으나, 그것은 존재하고 지각되는 현재사건으로부터 예견될 수 있다.

아우구스티누스는 시간이 현재 안에 존재하는 것이 아니라면, 더욱이 영혼 안에 존재하는 것이 아니라면, 아무것도 지각되지 않는다고 주장하는 것이다. 그래서 과거와 마찬가지로 미래에 대해서도 우리는 미래인 시간이 실제로 존재하지 않지만 현재인 영혼 안에서 어떤 양상에 의해서 예견된다는 것을 발견한다. 그럼으로써 우리는 다음과 같이 정리할 수 있다. J. Callahan이 심리적이라고 명명한, 시간에 관한 아우구스티

누스의 이러한 분석은 주체적인 의식 속에 과거·현재·미래
에 따른 시간의 진정한 양상을 보게 한다.

과거는 보존된 영상들이 있는 기억 속에 존재한다. 그리고
미래는 우리에게 그것을 알려주는 표징이나 영상 속에서 미래
를 예견하게 한다. 그러므로 "과거·현재·미래라는 세 가지
시간이 있는 것이 아니라, 세 가지 현재가 있다." 즉 그것은
"과거사건의 현재(praesentia de praeteritis)" "현재사건의
현재(praesentia de praesentibus)", "미래 사건의 현재
(praesentia de futuris)"이다.

이 세 가지는 영혼(anima)안에만 있는 것으로 과거사건의
기억(memoria), 현재사건의 직관(contuitus), 미래사건의
기대(expectatio)로서 존재한다.

이것은 아우구스티누스의 유명한 시간의 본질규정으로서
과거·현재·미래는 우리들의 내적 인간(homo interior) 즉
영혼 속에서 기억·직관·기대의 형태로서 파악된다. (nec
proprie dicitur tempora sunt tria, praeteritum,
praesens et futurum, sed fortasse propre diceretur :
tempora sunt tria, praesens de praeteritis, praesens
de praesentibus, praesens de futuris. sunt enim
haec in anima tria quaedam, et alibi ea no video :
praesens de praeteritis memoria, praesens de

praesentibus  contutius,  praesens  de  futuris
expectatio).[25]

따라서 우리는 앞의 시간의 본질파악의 관점을 상기하면서
다음과 같이 말할 수 있을 것이다. 우리가 시간을 객관적인 우
주 안에서 공통적인 지각과 과학적인 표상으로 파악하고자 할
때는 그것은 우리가 파악할 수 없는 수수께끼로 남지만, 그것
을 인간의 내면에서 의식된 시간경험에서 파악하려고 하면 그
난점이 풀린다는 것이다. 다시 말하면 시간을 객관적으로 이
해하려고 하면 과거는 이미 없는 것이 되고, 미래는 아직 없는
것이 되며, 현재는 머물러 있지 않는 것이 되어 시간의 모습을
감지할 수 없게 된다.

그러나 시간을 인간의 내면에로 환원했을 때 기억·직관·
기대의 형태로서 파악되어진다는 것이다. 과거·현재·미래
라 객관적 표상 속에서 양으로 간주된 시간의 세 부분이라면,
주체적인 경험 즉 의식 속에서는 지향적인 (intentionels) 세
가지 양태가 된다. 이와 같이 시간의 존재와 그 양상을 내재화
시키는 점이 아리스토텔레스와 구별해서 아우구스티누스로
하여금 독창적인 시간론자이게끔 한다.

아우구스티누스는 이러한 점에 이르러 시간의 존재, 그 지
각에 대한 정확성을 획득한다. 정리한다면 시간은 신적인 영

---

25) Confessiones XI 20,26.

원에 반대되는 것으로 창조물에 고유한 존재의 양태를 나타내고, 이것의 우유성을 드러내는 지속으로서 나타난다. 그런데 이것은 패러독스하게 부정성으로 즉, 비존재(non esse)로 향하는 것으로 정의되는 존재로서 드러난다.

그러나 아우구스티누스는 적극적인 요소를 등장시켜 기억 속에 시간이 참으로 존재한다고 한다. 아우구스티누스는 여기서 멈추지 않고 의식은 기억과 직관과 기대에 의해서 시간을 지각하는 행위 안에서 시간을 넘어설 수 있는 것으로 파악한다.

## 4. 시간의 측정

### 가. 시간과 물체의 운동

시간을 의식의 차원으로 고양시킴은 문제의 방향을 바꾸게 한다. 우리는 이제 과거가 어디에 위치하고, 미래가 어떻게 예견되는가를 안다. 하지만 지속의 다양한 간격들 사이에 정해진 관계를 확립할 만큼 의식이 시간을 어떻게 측정하느냐를 아직 알지 못한다. 그래서 아우구스티누스는 시간측정의 문제로 되돌아간다.26) 하지만 이제 과거·현재·미래가 어떤 의

---

26) Confessiones Ⅺ 21,27.

미로 존재하는가를 보았기 때문에 보다 효과적으로 논의할 수 있을 것이다. 우리가 시간의 존재 문제에서 보았듯이 우리는 시간이 흘러가고 있는 동안을 그 간격들로 측정한다. 그래서 우리는 이 간격이 저 간격보다 두 배라느니 혹은 동등하다느니 한다. 만약 우리가 이 흘러가는 동안에 시간의 간격을 어떻게 측정하느냐고 묻는다면 아우구스티누스는 경험으로부터 우리가 시간의 간격을 측정한다는 것을 알 수 있다고 답할 것이다.

그러나 측정되는 시간의 간격이 현재 속에서 흘러간다면, 연장이 없는 현재시간을 어떻게 측정할 것인가? 다시 말해서 존재하지 않는 과거와 미래를 그리고 연장을 가지지 않는 현재시간을 어떻게 측정할 수 있겠는가? 이런 난점 때문에 시간의 본질 추구에 있어서 막다른 골목에 부딪쳐 아우구스티누스는 본질 이해의 새로운 방향을 모색한다.

"나는 우리로 하여금 물체의 운동을 측정하고, 이를테면 저 물체의 운동이 이 물체의 운동보다 두 배나 길다고 말하게끔 허락하는 시간의 본질과 본성을 알고자 한다(Ego scire cupio vim naturamque temporis, quo metimur corporum motus et dicimus illu motum verbi gratia tempore duplo esse diuturniorem quam istum)"[27]

---

27) Confessiones XI 23,30.

이 문제를 해결하기 위해서 아우구스티누스는 23장의 서두에서 "나는 일월성신의 운동이 시간이라고 하는 것을 들어서 알고 있었으나, 그 의견에 동의하지 않았다(Audivi a quodam homine docto, quod solis et lunae ac siderum motus ipsa sint tempora, et non adnui)"[28]고 한다. 이것은 그 논의와 관계된 어떤 사상가에 관한 사색이 있었다는 것을 의미한다. 하지만 그 논의와 관련되어 생각된 그 사상가(homo doctus)가 누구인지는 익명이다. 그래서 오늘날 이 homo doctus에 대해 다양한 가정이 제시되고 있다. 우선 가장 근접한 후보자의 하나는 플라톤일 것이다.

그런데 W. Montgomery는 그의 저서 'The Confessions of S. Augustine'에서 Perinthus의 Eratosthenes와 Hestiaeus를 제시하고, J. Chaix-Ruy는 우리가 논한 것처럼 아리스토텔레스가 시간과 우주의 운동을 동일시하는 견해를 주장했다는 이유에서 그의 유명한 글 'La perception du temps chez St. Augustin'에서 이 아리스토텔레스를 제시하고 있다. 또한 J. Callahan은 아우구스티누스가 고백록을 쓰기 전 4세기경에 죽은 이단 아리안이즘의 열렬한 옹호자 Eunomius와 관련된다고 보고 있다. 다시 말해서 아우구스티누스가 이 부분의 텍스트를 쓸 때 시간을 천체 운동의 관점에서 정

---

28) Confessiones XI 23,29.

의하는 Eunomius를 비판하고 있는 Caesarea의 Basil의
'Adu.Euinomium'의 구절의 영향을 받은 것으로 보고 있다. 그
러나 그에 의해서 제시된 Adu. Eunomium과 Confessiones
제XI권, 23사이의 유사성은 승복하기엔 너무 정확성이 없다. 오
히려 이 homo doctus의 의견은 그 시대의 철학적 종합의 반영
인 것처럼 보인다. 그런 시간의 관념은 실제로 플라톤이즘과
아리스토텔레즘과 스토아주의의 혼합이기 때문이다.

특히 우리가 논한 것처럼 플로티노스가 엔네아데스 제III권,
7의 7-9에서 동일한 학설을 겨냥하고 비판하고 있음을 확인하
는 것은 흥미롭다. 그는 이곳에서 아리스토텔레스적 시간이론
을 비판하고 있다. 그러므로 아우구스티누스가 이러한 플로티
노스부터 몇 가지 논쟁을 빌려온 것처럼 보인다.

아우구스티누스는 현재에서만 시간측정이 가능하지만, 현
재는 연장을 가지고 있지 않다는 딜레마를 남겨두고 그 해결
점을 발견할 수 있는 새로운 시각에 접근한다. 그래서 시간과
운동을 동일시하는 현자들의 의견을 검토한 것이다. 만약 이
의견을 인정한다면 어려움은 사라져 버린다. 왜냐하면 만약
시간이 운동이라면 운동은 시간 자체의 척도가 될 수 있기 때
문이다. 그러나 이 의견을 아우구스티누스는 두 가지를 이유
로 거절한다.

(1) 천체의 운동이 그의 운행을 중지하고, 옹기장수의 물레

가 움직이기를 계속한다면 물레의 주기가 측정될 수 있는 시간을 산출할 것이다. 그러나 우리는 나무로 된 물레의 주기가 하루라고 주장할 수 없으며, 그 주기가 시간을 나타낸다고 할 수 없다. 그러므로 시간을 그것이 측정하는 운동과 독립되어 있다는 것이다.[29] 이것은 시간과 시간의 표시(signe)를 혼동하는 것이다.

 (2) 그런데 아우구스티누스가 추구하고자 하는 것은 우리가 그것에 의해서 운동을 측정하고 척도들 사이의 지속의 관계를 확립할 수 있는 시간자체이다.[30] 예를 들어 시간의 간격인 '하루'란 무엇인가? 그것은 태양의 운동(motus)인가? 운동의 지속(mora)인가? 그것은 motus와 mora의 조화에 의한 것인가? 우리가 이것을 하나씩 검토한다면 다음과 같다.

 (가) 첫 번째 가정 : 하루는 태양의 운동 즉 동쪽에서 동쪽으로 완전히 한 바퀴 도는 것이다. 그런데 우리가 태양이 24배로 속력이 빨라졌다고 해보자. 이것은 태양이 정상적으로는 24시간이 걸리는 한 회전을 한 시간에 완성한 것이 된다. 그렇다면 하루는 단 한 시간이 된다라고 해야 할 것이다.

 (나) 두 번째 가정 : 하루가 24시간이란 기간과 동일한 것이냐 하는 것이다. 이 경우는 태양이 24배로 빨라진다면 즉 한 시간의 기간에 자기주기를 돈다면, 하루를 만들기 위해서 태

---

29) Confessiones XI 23,29.
30) Confessiones XI 23,30.

양이 24번이 회전을 해야 할 것이다.

(다) 세 번째 가정 : 이 경우라 하여도 "하루라 할 수 없는 것은 태양이 단 한 시간만에 한 바퀴를 다 돌아버리든, 태양이 멎은 채로 아침부터 다음 아침까지 태양이 회전을 완성할 그 동안을 시간이 흐르든 어느 것도 하루라 할 수는 없다."31) 그러므로 위 가정들은 시간이 운동자체, 특별히 태양의 운동과 분리되도록 한다. 부연한다면 시간에 대한 우리의 감각은 물리적인 것보다 우선적인 것이다. 태양이 자기 주기를 아주 빠르게 24번 돌았다고 해도 그것이 하루가 될 수 없을 것이고, 태양이 24시간 동안 정지했다해도 하루가 지날 것이기 때문이다. 태양이 멈추어도 시간은 어김없이 가고 있는 것이다. 다시 말해서 시간에 대한 우리의 감각은 우리 주위의 물리적인 세계와 독립되어 있는 것이다.

이와 같이 아우구스티누스는 시간이 천체의 운동과 독립되어 있음을 논하면서 '성서에 나타난 전쟁'을 그 사례로 들어 자신의 위치를 확고히 한다. 그 사례는 자기의 적을 무찌르기 위해서 Gabaon의 태양을 멈추게 한 Josue에 관한 이야기이다. 하지만 태양이 멈추었다 하더라도 전쟁은 그것에 필요한 시간의 '동안'안에 완성된다.

이것은 천체의 운동이 중단되어도 시간의 운동이 중단되지

---

31) ibid.

않음으로써 시간이 천체의 운동에 독립되어 있다는 그의 의견을 확고히 하고 있다. 그런데 아우구스티누스는 태양이 정지에 대한 언급과 관련하여 다음과 같이 말한다. "전쟁하는데 충분한 시간에서 그 전투가 승리로 끝났기 때문에 나는 또한 시간이 어떤 연장이라는 것을 안다(per suum quippe spatium temporis, quod ei sufficeret illa pugna gesta atque finita est. video igitur tempus quamdam esse distentionen)"[32]

그러나 이 시간의 연장은 물체의 운동이 아니다. 사실 모든 물체는 시간 속에서 움직인다. 그래서 운동자체는 시간이 아니다. 과연 내가 물체의 운동을 측정하고 그 운동이 얼마나 지속되었는지 말할 수 있는 것은 시간에 의해서이다. 이것에 관해서 아우구스티누스는 현대물리학에서 다시 나타나는 흥미로운 생각을 진술한다. 즉 시간의 척도에 의해서 운동은 공간의 지각에 관계되고 또 그것에 의해서 운동의 시작과 마침까지가 측정된다는 것이다. "왜냐하면 어떤 물체가 움직일 때 나는 그 물체가 운동을 시작할 때부터 끝날 때까지 얼마 동안 움직여지는가를 시간을 통해서 측정하기 때문이다.(cum enim movetur corpus, tempore, metior, quamdiu moveatur, ex quo molveri incipit, donce desinat)"[33] 그러므로 운동

---

32) ibid.
33) Confessiones Ⅺ 24,31.

에 의해서 측정되는 것은 시간이 아니라 시간에 의해서 측정
되는 것이 운동이다. 더욱 이 시간은 '정지'하는 것까지도 측정
한다. 그러므로 "시간은 물체의 운동이 아니다(non est ergo
tempus corporis motus)"34)라고 결론지을 수 있다.

그런데 아우구스티누스의 운동–시간론의 비판은 위로는 플
로티노스의 운동 시간론 비판과 아래로는 베르그송의 수학적
인 시간의 비판과의 유사성을 찾아볼 수 있다.

## 나. 시간과 인간의 영혼

우리는 먼저 아리스토텔레스가 자신의 자연학 제IV권 14장
에서 시간을 셈세어지는(nombré) '지금'이라는 순간의 수라
고 정의하면서 영혼에 관한 문제를 제기하고 있음을 간과하지
말아야 한다. 이 문제 제기와 그 답은 후대에 아리스토텔레스
의 시간론에 다양한 해석을 유발하지만 이후 플로티노스에 의
해서 재론되고 있음을 볼 수 있다.

아리스토텔레스는 전후의 순간들은 운동 안에 있고, 그것들
의 수가 셈될 수 있는 한에 있어서 시간이라고 하면서 '지금'이
라는 순간들을 셈할 수 있는 능력을 가진 것은 영혼이라고 한
다. 그러므로 시간의 존재는 영혼에 달려 있다고 주장한다. 구
체적으로 그는 "영혼이 없을 때에도 시간이 있는지의 여부는

---

34) Confessiones XI 24,31.

처리하기 어려운 문제이다"35)라고 고백한다. "다시 말해서 셈하는 것이 없을 경우에는 셈할 수 있는 것이 전혀 없을 것이다. 그렇다면 수도 없을 것이다. 왜냐하면 수는 셈되어진 것이거나 또는 셈할 수 있는 것이기 때문이다." 아리스토텔레스는 이어서 시간과 영혼의 관계를 다음과 같이 답하고 있다. "그런데 만일 영혼이나 영혼에 있어서 정신의 능력 없이는 아무것도 셈할 수 없다면 즉 영혼이 없을 경우 시간은 전혀 존재하지 않는다." 이러한 아리스토텔레스의 시간과 영혼의 관계에 대한 해석은 크게 나누어서 두 가지다. 첫째는 셈하는 영혼 즉 정신이 없을 경우 어떤 의미에서 시간이 없다는 주장과 둘째는 영혼과 시간은 그 근거에 있어서 다르기 때문에 영혼이 없어도 시간은 존재한다는 주장이다.

그런데 M. De Tollenaere의 입장대로 운동의 수인 시간과 영혼이 상호 독립하여 존재한다고 본다. 영혼이 시간을 산출한다고 생각해서는 안 된다. 즉 영혼이 하는 일은 현실의 내면에 있는 그 무엇을 현상에 표현하는 일이며 운동의 전후 자체를 산출하는 작용은 아닌 것이다. 왜냐하면 운동의 전후라는 순간들은 움직여진 것의 운동 속에 존재하기 때문이다. 단지 영혼은 운동의 전후와 관련한 셈하는 작용이며 그로 인해 우리는 시간은 인식할 수 있을 뿐이다. 여기서 의미하는 영혼은

---

35) Aristote, Physique, 223a 21-27.

단지 인간의 영혼만을 말하는 것이 아니라 우주를 지배하는 영혼을 의미한다.

　　아리스토텔레스는 이와 같이 시간과 영혼에 대한 문제제기를 함으로써 영혼이 없을 경우에 시간이 존재하지 않는다고 하나, 그렇다고 시간의 원천을 영혼으로 보지는 않는다. 단지 시간에 대한 인식의 차원에서만 영혼을 시간과 관련시켰다고 하는 것이 옳다. 하지만 우리가 살펴본 대로 플로티노스는 다른 입장에 서서 아리스토텔레스의 인식론적 개념들을 거부한다. 이 개념들은 운동의 객관적인 양상에서 시간을 끌어낸 것이다. 그런데 만약에 시간이 운동에 의해서 측정된다면 이것은 지속의 전후의 관계 하에서다. 하지만 플로티노스의 관점에서는 이 지속적인 것의 차원이 운동을 지각하는 자아에 의해서 체험된 지속에 관계없이 순수하게 객관적인 자신의 양상에서 고려된다면, 그것은 공간적인 좌표와 상호 구별될 수 없는 것이다.

　　이러한 점에 있어서 플로티노스는 베르그송의 선구자이다. 베르그송에 있어서도 수학적인 시간 즉 역학적인 시간은 이것이 지속(durée)의 주관적인 경험을 벗어나고 있는 한 크기의 차원에 보태진 변수에 불과한 것으로 보여지기 때문이다. 그러므로 시간이 운동의 본질적인 차원 즉 전과 후 사이의 거리라고 말하는 것은 단지 심리적인 거리(distance psychique)

를 의미한다.

지속의 내적인 경험이 없다면 전과 후의 구별이란 있을 수 없다. 다시 말해서 시간적인 고유한 차원이란 있을 수 없다는 것이다. 그 결과 플로티노스는 시간을 운동 차원의 객관적인 거리로 보기보다는 오히려 변화를 지각하는 의식의 차원이라 한다. 단적으로 말해서 우리가 이미 살펴본 플로티노스에 있어서 시간은 영혼의 삶의 연장인 것이다.

영원이 예지적인 정신 즉 신의 삶인 것과 마찬가지로 시간은 영혼의 삶인 것이다. 또한 본래적으로 지속적인 삶이다. 영혼은 예지적 정신과 다르게 그 자신 안에서 자신의 명상의 대상을 포함하지 않으므로 그 영혼의 삶이 그에게 결핍된 그 이상의 것으로 찾아 나가는 항상 새로운 경험에 대한 욕구이기 때문이다. 그러므로 플로티노스에 있어서 시간과 영혼은 불가분의 관계이며 영혼 밖에서 시간은 파악되지 않고, 영혼 없이는 시간은 존재하지 않는 것으로 생각하지 않을 수 없다.

우리는 이 시점에 와서 플로티노스가 시간이 어떻게 탄생되었는가를 설명하는 엔네아데스 제Ⅲ권, 7, 11의 12-45를 상기할 필요가 있다. 그에 따르면 시간이란 정신에 관계하는 보편적인 영혼의 산출의 결과, 다시 말해서 영혼이 자기의 본질에 내재되어 있는 다양성에 따라 정신적인 것과 사본을 객관적인 세계 속에 전개하는 자기구성의 결과이다. 그래서 시간은 바로 영혼의 작용의 연장인 것이다.

아우구스티누스도 시간지각과 측정의 문제를 영혼의 단계에 관계시킨다. 그러나 아우구스티누스에 있어서는 보편적인 영혼에 의한 객관적인 세계의 창조의 문제로서 시간은 존재하지 않는다. 우리가 살펴보았듯이 신은 세계를 창조한 것처럼 시간을 창조한다. 플로티노스와 마찬가지로 아우구스티누스는 형이상학에서 시간의 현상학으로 나아가나, 영혼의 작용에 대한 아우구스티누스의 섬세한 분석은 플로티노스의 연장의 양상을 수정하게 한다.

## 1) 시간과 영혼의 작용과의 관계

시간은 물체의 운동이 아니기에 물체의 운동이나 그 정지상태는 시간 안에서 그리고 시간에 의해 측정된다. 그래서 시간이 운동에 의해서 측정되는 것이 아니라면, 우리는 이제 어떤 조건에서 시간이 운동의 척도로 생각되는가를 보다 명확하게 검토해야 한다. 아우구스티누스는 먼저 시간에 의해서 물체의 운동이 측정될 수 있다는 가능성은 시간자체를 측정할 수 있다는 가능성을 함축하고 있다고 한다. "물체의 운동을 시간으로 측정하는 것은 명백히 시간을 측정하는 것이다."[36]

만일 우리가 시간을 측정할 수 없다면, 시간에 의해서 운동

---

36) Confessiones XI 26,33.

을 측정할 수 없게 될 것이다. 그러므로 우리는 어떻게 시간이 우리에 의해서 측정되는가를 알아내야 한다. 그 결과는 시간의 본질 파악에 보다 우리를 가까이 근접하게 할 것이다.

아우구스티누스는 이점에 이르러 웅변가였던 그 자신의 경험으로부터 측정의 개념을 부각시킨다. 구체적으로 더 길고 더 짧은 시간 동안을 발음하게 되는 '언어의 요소'를 채용한다. 우리가 시를 낭송하는 동안에 요구되는 시간을 측정한다면, 시 전체의 시간을 개별적인 구절의 시간에 의해서 측정한다. 더 나아가서 이 구절의 시간은 각운의 시간에 의해서 이 각운의 시간은 음절의 시간에 의해서, 마지막으로 긴 음절의 시간은 짧은 음절의 시간에 의해서 측정될 것이다.

그러나 이런 방식으로 확실하고 궁극적인 시간측정에 도달한다고 생각한다면 잘못된 것이다. 왜냐하면 "짧은 구절이라고 장단을 길게 뽑아서 부르면 오히려 긴 구절을 빠르게 부르는 것보다 더 오래일 경우가 있기 때문이다."37) 이것은 시의 각운 또는 음절에도 마찬가지다.

그래서 아우구스티누스는 시간이 연장이라 한다면, 시의 사례에서 그가 전에 함축하고 있었던 것을 매우 의미 있게 덧붙인다. 지각하는 주체에 독립되어 있는 공간적인 연장과 시간을 구성하는 연장은 아주 판이하게 다른 것이기 때문이다. 바

---

37) ibid.

로 그것은 "시간은 영혼자체의 연장(inde mihi visum est nihil esse aliud tempus quam distentionem ; sed cuius rei nescio, et mirum si non ipsius animi)"[38]이라는 것이다. 이렇게 아우구스티누스는 시간을 영혼의 연장으로 만들면서 영혼을 운동이 측정되기 위한 기준으로 삼는다. 측정이 가능하기 위해서는 연장이 전제되어야 하는데 그 연장을 "영혼의 연장(disentio animae)"이라고 한 것이다.

이 distentio는 dis-(분산)와 tendere(향하다)의 합성어로서 그 반대를 아우구스티누스는 "영혼의 집중(extentio animae)"이라고 한다. 무엇보다도 시간은 과거·현재·미래라는 세 방향으로 분산하여 퍼지는 (연장하는)마음이다. 예컨대 어떤 노래를 부른다고 하자 (1)부르기 전에는 마음은 노래 전체에 tendere(향)한다. (2)부르기 시작하면 이미 부른 부분에 대해서는 기억이 향한다. (3)아직 부르지 않은 부분에 대해서는 기대가 향한다. 그리하여 (2) (3)의 tendere는 마음이 분산(dis-)되어 향하는 dis-tendere이다. 현재 또한 직관(attendere)으로 tendere하므로 결국 마음은 세 방향으로 distendere한다. 그래서 아우구스티누스에 의하면 시간은 영혼의 연장인 것이다. 따라서 과거와 미래의 존재가 영혼에서 확보되듯이 측정도 영혼 내에서 가능하게 된다.

---

38) ibid.

### 2) 영혼의 시간측정

영혼이 어떻게 시간을 측정하는가? 우리는 시간이 영혼의 연장이라고 인식하였으므로, 이 영혼 속에서 어떻게 시간이 측정되는가를 설명할 수 있을 것이다. 그렇다면 우리는 과거와 미래가 존재하지 않는다고 한다면, 불가분적인 현재는 어떻게 측정되는가, 어떻게 불가분적인 현재가 연장과 화해될 수 있는가를 탐구해야 할 것이다.

앞에서 살펴본 것처럼 우리가 시간 자체를 숙고한다면, 이 시간의 측정은 불가능하다. 시간을 측정한다는 것은 과거·미래·현재를 측정하는 것인데 흘러가는 시간 즉 아직 있지 않고, 어떠한 길이로도 연장되어 있지 않고, 이미 없는 시간을 어떻게 측정하겠는가? 특히 현재가 측정되기 위해서는 다시 말해서 현재 속에 어떤 연장의 종류가 있기 위해서는 오히려 그것이 흘러가야만 하는 것이었다.

아우구스티누스는 이런 견해를 음을 예로 들어 검토한다. 음은 그것이 존재하기 전이거나 또는 그것이 존재한 후에는 측정될 수 없다. 왜냐하면 도래할 음은 아직 존재하지 않기 때문이고, 지나간 음은 끝나기는 했지만 그럼으로써 더 이상 존재하지 않기 때문이다. 만약 이것인 참이라면 음이 현재 흘러가는 동안으로 측정되어야 할 것이다. 왜냐하면 음이 불가분적인 현재 안에서 존재를 갖는 것은 아니지만, 시간 안에서 연장을 갖게 되기 때문이다.

　그러나 만약 우리가 이 음을 측정한다면 그 시작한 순간부터 그쳐버린 끝까지를 측정해야 만 한다. 그러므로 우리는 이 음을 측정하기 위해서는 음이 끝날 때까지 기다려야 한다. 그러나 현재하는 음은 지속하는 음으로서 끝나지 않는 것이기에 측정될 수 없는 것이다. 아직 끝나지 않은 음이 얼마나 길다느니 짧다느니 말할 수 있게끔 측정될 수 없는 것이고, 다른 것과 같다느니, 또는 곱절이니, 아니니, 어떻다느니 할 수도 없기 때문이다. 여기서 문제의 진상이 확실히 드러난다. 우리는 과거와 미래시간을 측정할 수 없다. 왜냐하면 이미 없는 것이고, 아직 존재하지 않는 것이기 때문이다. 불가분적인 현재도 '동안'으로 연장됨이 없이 흘러가는 것이므로 측정될 수 없다. 왜냐하면 이 흘러가는 시간 즉 현재는 아직 끝마쳐지지 않아서 완전하지 않기 때문이다.

　아우구스티누스는 여기서 자신의 시간에 관한 논리 전개의 결정에 이른다. 하지만 그의 사고의 다양한 맥락들이 가장 어려운 입장에 놓인다.

　그는 이 해결점을 위해서 St. Ambrosius주교의 저녁찬송으로부터 취한 "Deus creator omium(만물을 창조한 신이여)"이라는 시구를 선택한다. 이 시구에는 네 가지 짧은 음절이 네 개의 긴 음절과 서로 엇갈린다. 그런데 우리의 감각지각은 짧은 음절로 긴 음절을 측정하여, 이것이 다른 것의 두 배라고 한다. 그러나 만약 우리가 긴 음절을 그보다 앞의 음절에 의해서 측정한다면, 그 짧은 것을 어떻게 붙잡아 둘 수 있는가? 측정되기 위해서 일단 짧은 음절은 긴 음절의 시작을 위해서 끝나야 한다. 더욱더 긴 음절 자체도 측정되기 위해서 끝나야 한다. 그러나 그것들은 아직 완전하지 않은 것이다. 그러므로 위에서 다룬 두 가지가 완전하지 않아서, 모두 끝난 것이 아니라면 우리는 그것들은 측정하지 못한다.

설사 끝났다 하더라도 그것들은 지나가 버리는 것이다. 그렇다면 우리가 재는 것은 무엇인가? 이에 대해서 아우구스티누스는 사건 자체들을 측정하지 못한다는 결론에 이른다. 하지만 그것들은 더 이상 존재하지 않으나 오히려 기억 속에 부동하게 남아 있는 것으로 측정될 수 있다. 사건 자체는 과거이고 측정될 수 없지만 흘러가는 사건이 영혼 속에 각인한 현재인 인상을 측정하는 것이다.

그러므로 우리는 시간의 간격이 인상과 동일한 것으로 받아들여야 한다. 그렇지 않다면 우리가 시간의 간격을 측정한다고 말할 수 없다. 그러므로 기억, 지켜봄, 기대로서의 영혼이 지나간 시간들을 확보하고, 도래할 시간들을 선취함으로써 전체의 시간을 현존하게 하듯이, 기억으로서의 영혼은 인상들을 확보하고 자신 안에서 시간의 지속을 측정한다. 영혼이 이렇게 할 수 있는 것은 모든 인상이 기억 속에 정돈된 채로 확보되어 보존되며, 인상이 잊혀질 때에는 다시 현재에로 이끌어질 수 있기 때문이다.

"기억 속에는 통찰된 모든 감각들이 구분되고 정돈된 것으로 보존되어 있다(Ibi sunt omnia distincte generatimque servata, quae suo quaeque aditu ingesta sunt)"[39]

그리하여 기억이 일련의 감각들을 확보함으로써 영혼은 이러한 일련의 인상들이 취하는 시간연장을 측정할 수 있고, 이 시간연장을 확보된 또 다른 시간연장들과 관련시켜서, 이 시간연장이 저 시간연장보다 길다거나 혹은 두 배, 세배나 된다는 식으로 비교할 수 있다. 아우구스티누스는 이러한 것을 뒷받침하기 위해서 우리에게 몇 가지 예를 든다.

(1) 만약 우리가 침묵의 '동안'을 측정하여, 그것이 앞의 음이 있는 시간보다 갑절이나 계속되었다고 말한다면, 지금 흘러가고 있는 침묵의 동안을 음이 울려나는 것처럼, 우리 정신 속에서 그 음을 측정해야 한다.

(2) 그도 그럴 것이 아무도 말하지 않는다 하더라도, 우리가 정신 속에서 시나 시구를 자세히 음미할 수 있다. 마치 그것들이 말해진 것처럼 한 시간과 다른 것의 시간을 비교할 수 있다.

---

39) Confessiones Ⅹ 8,13.

(3) 마지막으로 누가 긴 음을 내어 그것이 얼마나 길 것인지를 미리 생각하여 측정하고자 한다면, 그는 침묵 속에서 시간의 길이를 통과한 다음, 이를 기억에 머물게 해 두고는 소리나는 그 음을 내기 시작하여 미리 정해둔 그 끝까지 이어갈 것이다.(그래서 우리는 음이 났다고, 날것이다고 말할 것이다. 왜냐하면 한 부분은 과거이고 다른 것은 미래이기 때문이다.) 그리하여 현재의 노력이 미래를 과거로 인도하고 미래를 소멸시킴으로써 과거가 증가하고 마침내는 미래를 고갈시켜서 전체가 과거로 이르는 동안에 음이 완성되는 것이다.(atque ita peragitur, dum praesns intentio futurum in praeteritum traicit diminutione futuri crescente praeterito, donec consumptione futurisit totum praeteritum)40)

아우구스티누스는 위와 같은 사례에 의해서 시간의 간격들을 측정하는 것은 정신이라고 지적하고, 이 간격들은 단지 정신 속에 존재한다고 한다. 우리는 정신 속에서 그 자체로 더 이상 존재하지 않고 본질적으로 측정의 기준을 제공할 수 없는 앞의 음을 파악함으로써 침묵의 동안을 측정한다. 침묵과 음은 그 자체가 완성되고, 더 이상 존재하지 않을 때 그들의 인상의 종류를 보존한 정신 속에서만 측정될 수 있다.

---

40) Confessiones Ⅺ 27,36.

이와 유사하게 두 번째 예에서도 우리는 소리들을 측정한다
고 말한다. 이것들은 더 이상 존재하지 않으나, 그것들이 측정
될 수 있는 정신 속에서, 어떤 종류의 지속을 가짐으로, 측정
되는 것이다. 그러나 아우구스티누스는 고백록 28장에서 위의
세 번째 사례로 어떻게 시간이 정신 속에 있는가를 보다 정확
하게 하고자 한다. 왜냐하면 이 음의 시간은 단지 그것이 영혼
안에 현존하는 한에 있어서만 측정될 수 있기 때문이다. 음을
발음하는 사람이 미래의 지속적인 축소가 소리를 과거로 만든
다는 것을 깨달았을 때, 그는 그의 앞서 파악된 기준과 일치해
서 음을 측정한다. 그러나 이 존재하지 않는 미래의 축소와 더
이상 존재하지 않는 과거의 증가는 영혼 안에서만 가능하다.
왜냐하면 "영혼은 미래를 기다리고, 현재를 지켜보고, 과거를
기억함으로써 기다리는 것이 지켜보는 것을 거쳐 기억한 것에
로 옮겨지게 하는 것이기 때문이다."41)

미래는 영혼의 기다림 속에서 존재를 가지고, 과거는 영혼
의 기억 속에서 있다. 현재는 연장이 없는 것이나, 영혼의 지
켜봄으로 지속된다. 그리고 이 지켜봄은 그것이 지속하기 때
문에 미래가 과거로 가는 통로를 제공한다. 그러므로 우리가
긴 미래라고 하는 것은 미래의 긴 기다림이다. 다시 말해서 영
혼의 지켜봄을 통해서 아직 지나가야 하는 것의 기다림이다.

---

41) Confessiones XI 28,37.

또한 비슷하게 긴 과거는 과거의 긴 기억이다. 다시 말해서 영혼의 지켜봄을 통해서 이미 흘러간 것의 기억이다. 따라서 "과거가 길다함은 과거에 대한 기억이 갈다는 것이고, 미래가 길다함은 미래에 대한 기대가 길다는 것이다." 그러므로 시간이 측정되는 장소는 "영혼 속이고 영혼이 시간을 재는 것이다.(In te, anime meus tempora metior)"42)

  "미래가 아직 없음을 누가 모르겠습니까? 미래에 대한 기대는 영혼 가운데 역시 있는 것입니다. 과거가 이미 없음을 누가 부정하리오만, 과거의 기억은 영혼가운데 있는 것입니다. 그러므로 현재시에 길이가 없음을 아무도 부정 못하지만 그럼에도 불구하고 직관은 지속합니다. 이 직관을 통해서 이제 곧 여기에 있을 터인 것은 여기에 없는 것으로 이행합니다."43)

  아우구스티누스의 이러한 단언 속에서도 비록 과거, 미래가 이미 없고, 아직 없는 것이고, 현재가 연장을 가지지 못한다고 하더라도 영혼 속에 있는 활동, 즉 아직 있지 않는 미래의 기다림(expectatio futurorum), 순식간에 흘러가 버리는 현재의 지켜봄(attentio), 이미 있지 않은 과거의 기억(memoria praeteritor)이 있으므로 시간 측정이 가능하다고 보고 있는 것이다.

  이처럼 시간의 세 가지 양태가 영혼의 활동인 기억·직관·

---

42) Confessiones Ⅺ 27,36.
43) Confessiones Ⅺ 28,37.

기대와 상호 일치되어 있어, 그 영혼 안에서 측정되고 파악되기 때문에 아우구스티누스는 시간을 영혼의 연장(distentio animae)이라고까지 한 것이다.

이제 아우구스티누스가 말한 그 유명한 질문과 그 대답의 의미가 무엇인지를 명확히 알게·된다. 즉 '도대체 시간이란 무엇인가? 만일 아무도 나에게 묻지 않는다면, 나는 시간이 무엇인지 알고 있습니다. 그러나 나에게 묻는 자가 있어 그에게 시간을 설명하려고 하면 나는 모릅니다.'라는 말의 진의를 알게 된다. 우리가 시간에 대해서 질문한 자에게 설명을 하려고 하면 곧장 공간, 운동과 같은 시간이 아닌 것으로 시간을 설명하려고 한다. 그때 우리는 시간을 모르고 있는 것이다. 그러나 시간을 이렇게 객관화해서 설명하려고 하지 않고 내적 인간의(homo interior) 즉 영혼(anima)에로 눈을 돌리고 그곳에서 체험된 시간을 파악하려고 할 때 시간의 수수께끼가 풀리게 된다는 것이다.

이처럼 시간은 인간의 영혼을 떠나서는 이해될 수 없기 때문에 아우구스티누스는 시간을 distentio animae라고 말한 것이다.

그러나 여기서 주의할 점이 있다. 아우구스티누스가 시간을 영혼의 연장이라고 했다 해서 그가 관념론자처럼 모든 것이 인간의 정신에서 일어나고 따라서 시간도 인간의 정신에서 일어나는 하나의 현상에 지나지 않는다고 생각하지는 않는다는 점이다. 그는 시간을 신이 창조한 객관적인 질서로서 보고 동시에 영혼의 연장으로도 본다. 그러므로 어떻게 보면 아우구스티누스에 있어서는 객관적인 창조된 질서로서의 시간은 영혼에서 체험된 주관적인 시간의 질서와 모순되는 것처럼 생각된다. 그래서 J. L. Morrison은 지적하여 말하기를 아우구스티누스의 고백록에 나타난 주관적인 시간개념은 그의 후기 작품인 신국론(De civitate Dei)에 나타난 객관적인 시간론과 일치하지 않는다고 한다.

그러나 아우구스티누스의 시간론이 모순된 두 가지 시간이론의 나열이라고 볼 수 없다. 아우구스티누스는 창조된 시간의 객관적인 질서를 결코 배제하거나 부정하지 않는다. 물론 그 고백록에서 제시된 시간론이 주관적인 시간체험을 강력히 시사하고 있는 것만은 부인할 수 없다. 하지만 이것은 단지 창조된 객관적인 질서로서의 시간을 내적으로 체험한 현상을 기술한 것이라고 해야 하겠다. 우리가 시간을 체험하고 측정하기 위해서는 반드시 객관적인 시간질서를 전제하지 않을 수 없다. 왜냐하면 우리는 존재하지 않은 것을 인지하거나 측정할 수 없기 때문이다. 그러므로 영혼의 연장이 시간의 원인이나 근원이 된다든가 또는 시간 그 자체를 이루고 있다고 간주하는 것은 잘못이다. 영혼은 단지 'cogito'의 행위 이외 다른 것이 아니다.

그래서 아우구스티누스는 이러한 오해를 피하기 위해서 다음과 같이 말한 것이 아닌가 한다. "우리가 과거·현재·미래라는 세 가지의 시간이 있다고 말하는 것도 적당치 않습니다. 아마 과거사건의 현재, 현재사건의 현재, 미래사건의 현재라는 세 가지의 시간이 있다고 말하는 것이 옳을 것입니다. 이세 가지가 어떤 면에서 영혼 안에 존재하고 있습니다. 그렇지 않으면 나는 그것을 알 수 없습니다."44) 여기서 유의해야 할 것은 인용문의 마지막 문장이다. '그렇지 않으면 시간이 존재하지 않는다'라고 말하지 않고 '그렇지 않으면 나는 시간을 알 수가 없습니다(alibi ea non video)'라고 기술한 점이다. 그는 외적인 시간질서와 내적인 시간의식이 상관되어 있다고 본다. 즉 외적으로 존재한 것이 우리 영혼에 주어질 때 우리는 그것을 인지하고 체험하게 되므로 시간의 주관적인 체험은 시간의 객관적인 근거를 시사해 준다.

그러나 객관적인 시간 질서는 인간의 영혼을 떠나서는 이해할 수 없다는 것이 아우구스티누스의 지론이다. 왜냐하면 시간은 항상 아직 없는 미래에서 연장이 없는 현재를 통해서 이미 없는 과거로 지나가고 있기 때문이다. 그러므로 오직 내적 인간의 활동을 통해서만 아직 없는 미래는 기대로, 이미 없는

---

44) Confessiones XI 20,26.

과거는 기억으로, 연장이 없는 현재는 영혼의 직관으로 파악할 수 있는 것이다. 그렇지 않으면 우리는 시간을 이해할 수 없게 된다.

이와 같이 내적 인간은 그 안에서 우리가 시간의 구조와 본질을 이해하고 해석할 수 있는 고유한 장소이며 지평이다. 그래서 이 인간의 내면에서 체험된 시간은 시간 안에 있는 인간의 모습을 드러내주게 된다. 인간의 삶은 기다림에 의해 미래로, 기억에 의해 과거로 연장되는 것이다. 이 양자는 과거와 미래의 경계이고, 미래로부터 과거로 가는 통로인 현재의 지켜봄과 함께 인간의 현재 삶 안에 포함된다. 이렇게 해서 아우구스티누스는 인간이 자기 내면에서 지속적으로 발견하는 내적 시간의 창조자가 된 셈이다. 이로써 근대적 시간 이해를 지배하고 있는 구별, 즉 내적 시간과 외적시간, 의식의 시간과 우주의 시간, 주관적인 시간과 객관적인 시간의 구별이 시작된다.

## 5. 아우구스티누스와 그 선각자들

아우구스티누스의 시간에 관한 논의는 플로티노스의 그것과 적지 않은 관계를 가진다. 그런데 플로티노스는 플라톤의 영원과 시간의 개념을 발전시키고자 하고, 아리스토텔레스의 시간 설명을 거부하고자 하였다. 그러므로 우리는 아리스토텔레스의 시간과 이를 비판하고 있는 플로티노스를 통해서 아우구스티누스의 시간론의 독창성을 정초하려고 한다. 그래서 이 장에서는 우리가 논술한 아리스토텔레스의 시간 정의와 플로티노스의 시간본질에 대한 아우구스티누스의 시간과의 관계를 명확히 할 것이다. 구체적으로 아리스토텔레스와 플로티노스에 대한 아우구스티누스의 차이점과 상관성을 밝히는 것은 아우구스티누스의 시간의 정의 즉 영혼의 연장(distentio animae)이라는 것이 주는 고유한 의미를 어느 정도 명백히 할 수 있을 것이다.

### 가. 아리스토텔레스 시간과의 차이점

고찰한 바와 같이 아우구스티누스는 고백록 제XI권에서 상당히 길게 시간의 본질에 관해서 논하고 있다. 그는 그보다 앞선 철학자들의 시간의 논법과는 다른 새로운 길을 모색한다. 바로 그것은 시간의식의 내면성의 양상, 다시 말해서 심리적 양상에 대한 그의 강조이다.

아우구스티누스는 우선 아리스토텔레스와 유사성을 가진다. 왜냐하면 시간 논의의 진행절차가 경험적인 방법으로 확실성을 검토하고 있기 때문이고, 시간을 운동의 척도로서 논증하고 있기 때문이다. 그러나 두 사람 사이에는 커다란 차이점이 있다. 아리스토텔레스는 자연 안에서 운동과 변화를 검토하고 그 결과 시간은 이 변화의 수 또는 척도임을 발견한다. 아우구스티누스도 처음부터 시간을 측정하는 방법에 관심을 갖고, 존재하지 않는 미래시간과 과거시간 그리고 엄격히 말해서 연장을 가지고 있지 않는 현재시간을 어떻게 측정할 수 있는가 하고 묻는다.

그러나 측정되기 위해서는 어떤 것이 존재해야만 하므로 아우구스티누스는 다음과 같은 결론에 이른다. 모든 시간은 영혼 속에 지금 존재한다. 그리고 이 시간은 distentio animae 이외 다른 것이 아니다. 이 영혼의 연장은 세 가지 국면을 갖는데 그것은 영혼의 기억과 동일시되는 과거시간과 영혼의 기다림과 동일시되는 미래시간과 영혼의 지속하는 지켜봄과 동일시되는 현재시간이다. 그러므로 우리는 이러한 아우구스티누스의 입장에 근거해서 아리스토텔레스의 물리적인 영역으로부터 심리적인 영역으로의 변형을 관찰할 수가 있다.

그런데 시간에 대한 심리적인 관점은 그리스 사고에 있어서 발생하지 않은 것이다. 단지 그것은 문제를 접근하는 다양한 토론 속에서 얼마간 제시되었을 뿐이다. 시간을 우주의 규칙성과 질서의 원리로 보고 있는 플라톤은 시간을 영원의 형상이라고 부른다. 그런데 이것은 단일성 속에 거주하는 영원의 모사에서 수에 따라 진행하는 것이다. 이 설명은 확실히 어떤 방식으로든 심리적인 것으로 보이지 않는다. 오히려 시간이 그것에 따라 진행하는 수가 의미를 갖는다면, 그것은 수의 연속의 한 부분이 전과 후에 따라 정신에게 관계된다는 것에서 정신과 접목할 수 있다는 것일 뿐이다. 이러한 점은 시간을 운동의 수 또는 척도로서 정의하는 아리스토텔레스에 의해서 재산출된다. 그는 시간을 셈 세어지는 '지금'이라는 순간의 수라고 정의하면서 시간과 영혼의 합류에 관한 문제를 제기하고 있다. 전, 후의 순간들은 운동 안에 있고, 그것들의 수가 셈 세어지는 한에서 시간이라고 하면서 '지금'이라는 순간들을 셈할 수 있는 것은 영혼이라고 한 것이다. 그래서 그는 '영혼이 없을 때에도 시간이 있는지의 여부는 처리하기 어려운 문제이다' 라고 고백한다.

그런데 아리스토텔레스의 물리적 영역으로부터 심리적 시간론에로의 변형을 주도한 아우구스티누스는 시간개념에 있어서 영혼의 작용의 중요성을 다르게 설파하고 있다. 즉 시간의 간격을 측정하는 것은 인간의 영혼이라는 것이다. 또한 시간에 의해서 운동을 측정하는 것도 인간의 영혼이라는 것이다. 영혼은 바로 시간의 간격을 측정하는 힘을 가지는 것이다. 그런데 이런 시간에 대한 견해 속에서 우리는 영혼의 작용이 시간의 존재를 위해 필요하다고 느껴질 것이고, 아리스토텔레스를 암시 받을 수도 있을 것이다. 그러나 시간을 운동의 수로

보는 아리스토텔레스의 전반적인 견해에서 보다, 아우구스티
누스의 견해는 시간의 논의의 있어서 영혼의 작용에 원초적인
중요성을 부여한다.

아리스토텔레스에게 있어서 시간은 정신에 의해서 지각되는
한에 있어서만 존재하는 운동의 양상이다. 하지만 시간을 지각
하는 정신과는 명확한 관계없이, 운동과 그 관계를 가지는 양상
이다. 그래서 아리스토텔레스는 시간과 운동이 상호 척도의 역
할을 한다고 말한다. 반면에 아우구스티누스는 시간이 측정되
고, 운동이 시간 안에서 측정되는 도구로서 영혼을 생각한다.
여기서의 영혼은 시간과 운동이 상호 척도의 역할을 하는 아리
스토텔레스에 있어서 보다 훨씬 독립적이다. 아리스토텔레스가
시간을 측정하는 영혼에 관해서 말할 때 그 영혼은 시간을 측정
하기 위해서 완벽하게 운동에 의존해 있기 때문이다. 하지만 아
우구스티누스에 있어서는 시간을 측정하는 것은 운동이 아니라
영혼인 것이다.

아우구스티누스에 있어서는 운동에 의해서 시간이 측정되는
것이 아니라 시간에 의해서 운동이 측정된다. 그러므로 시간은
물체의 운동이 아니다. 이런 이유는 척도가 측정되는 사물과는
달라야 하기 때문이다. 이 점에 있어서 아우구스티누스는 플로
티노스에 접근해 있다. 왜냐하면 아우구스티누스가 운동의 척
도인 시간은 운동 밖의 어떤 절대적인 기준이라고 생각하기 때

문이다. 반면에 아리스토텔레스에게서는 시간과 운동은 기체인 한에 있어서는 동일하다. 그러나 아우구스티누스에 있어서는 이 양자가 기체인 한에서 다른 것이다. 왜냐하면 시간은 영혼의 작용 안에서 드러나는 연장의 종류이기 때문이다. 아리스토텔레스는 운동이 시간에 의해서 측정될 뿐만 아니라, 시간도 운동에 의해서 측정된다고 주장한다. 그러나 아우구스티누스는 시간이 운동을 측정하는 완벽한 척도라고 생각한다.

아리스토텔레스는 시간의 구심점을 현재에 두고 '지금'이라는 순간을 그 초점으로 하여 시간에 대한 개념을 전개하고 있다. 그런데 이미 논한 것처럼 '지금'이라는 현재는 시간의 연속성의 요인이고 과거와 미래의 한계이다. 왜냐하면 시간은 자신의 존재를 위하여 운동이 그 위에서 발생하는 공간에 의해서 연속되는 운동에 의존하기 때문이다. 그래서 아리스토텔레스에게 시간은 양적인 의미에서 운동의 척도이고, '지금'은 시간의 한계, 그리고 시간에게, 선 위에 점과 같이, 양을 변경함에 의해서 연속성을 주는 것이다. 물론 아리스토텔레스는 두 '지금'이 셈하는 정신에 의해서 비교될 수 있음을 함축하고 있다. 그리고 이것은 그들이 정신 속에 함께 현재한다는 것을 의미한다. 그러나 시간에 관한 심리적 양상의 숙고는 아리스토텔레스의 접근 방식에 부적절한 것이다.

이와 같이 아리스토텔레스에게 있어서 '지금'이라는 현재시간은 시간의 부분이 아니라 시간의 한계이고, 그것은 또한 시간에게 연속성을 준다. 아우구스티누스에게도 '지금'의 현재 시간은 비슷하게 시간의 한계이지만 그것은 영혼의 현재 즉 '지켜봄(attentio)'이다. 왜냐하면 시간 자체는 단지 영혼의 작용 속에 존재하기 때문이다. 이 현재의 지켜봄은 아리스토텔레스와는 달리 과거와 미래 즉 영혼의 기다림과 기억 사이의 한계이다. 그리고 이 지켜봄은 시간에게 연속성을 제공한다. 왜냐하면 기다림은 기억이 되기 위해서 지켜봄을 통해서 지나가야 하기 때문이다. 그러나 이 연속성은 아리스토텔레스의 시간에서와 같은 동일한 방법으로 양적으로 생각될 수 없다. 아우구스티누스에 있어서 시간은 양적이 아닌, 연속성을 소유하는 정신의 작용이다. 비록 시간에 의해서 측정되는 운동의 지속이 양적으로 표상된다 하더라도 마찬가지다. 아리스토텔레스나 아우구스티누스가 시간을 운동의 척도라고 생각한다 할지라도 전자의 척도는 양적이고 반면에 후자의 척도는 양이 없는 생동하는 정신의 작용이다. 또한 아리스토텔레스는 '지금'이 기체로서는 항상 동일하고 본질인 한에서 언제나 다르다고 한다. 먼저 시간의 수인 운동이 계승 속에서 존재하기 때문에 다른 것이다. 그러나 아우구스티누스의 영혼의 지켜봄이 항상 현재이고 항상 동일한 것이라면, 그것은 시간이 아니라 영원일 것이다. 다시 말해서 현재가 항상 현재이고, 과거로 흘러가지 않는다면 이것은 시간이 아니라 영원일 것이다. 그러므로 아우구스티누스에게서 현재가 시간으로 존재하기 위해서는 비존재로 향해가야 한다.

결론적으로 아우구스티누스에 있어서 영속적인 '지금' 이라는 현재시간은 아리스토텔레스처럼 셈할 수 있는 한에서 존재하는 운동의 국면이 아니라 영혼의 기다림과 기억의 사이의 한계로서 파악된다. 그러므로 시간은 영혼 속에 있는 것이지 영혼이 시간 속에 있는 것이 아니다. 아우구스티누스는 영혼이 시간 안에 존재하지 않는다는 이 진술로 플로티노스를 따른다. 그러나 플로티노스에 있어서 시간은 운동과 부동한 운동의 원인인 것 사이의 매개물이다. 반면에 아우구스티누스의 시간은 운동과 운동을 측정하는 영혼 사이에 있는 것이다. 따라서 우리는 플로티노스에 대한 아우구스티누스의 관계를 명확히 할 것이다.

그러기 전에 현대적 의미를 부각시키기 위해서, 훗설의 시간을 통해서 아리스토텔레스와 아우구스티누스의 두 시간의 구별을 더 선명하게 하고자 한다. 훗설은 현상학적으로 시간의 문제를 제기함에 따라 객관적인 시간을 탐구의 영역에서 배제한다.

이 객관적 시간은 훗설이 말하는 내재적 시간(immanente Zeit)에 대비해서 초재적 시간(transzendente Zeit)이라는

것이다. 객관적 시간이란 물리적인 계기에 의해서 일정한 양
적인 단위로 측정할 수 있는 시간을 말한다. 이러한 시간은 주
로 물리학의 연구 대상이 된다. 그러므로 아리스토텔레스의
시간은 여기에 속할 것이다. 객관적 시간은 (1) 측정에 의해
서 양화될 수 있고 따라서 (2) 동질적으로 파악되며 (3) 주지
적으로 반복되는 동일한 지속성을 표시하는 특성을 지니고 있
다. 우리가 시계를 통하여 파악하는 시간이 바로 객관적인 시
간의 대표적인 사례이다. 이 객관적 시간을 훗설은 지각된 시
간(wahrgenommene Zeit)이라고 한다. 즉 예를 들면 그것
은 지금 12시다 라고 할 때 시침과 분침이 12라는 눈금을 가
리키는 것을 지각할 때 파악되는 시간을 의미한다. 이와 반대
로 내재적인 시간은 감각된 시간(empfundene Zeit)으로서
12시를 하루의 정오나 점심시간으로 체험된 시간을 의미한다.
이러한 시간을 우리는 주관적 시간(subjektive Zeit)이라고
한다. 그러므로 내적인 시간은 모든 사람들에게 어떤 공통된
기준에 의해서 측정될 수 없다. 예를 들면 일분이란 동일한 객
관적 시간도 내재적인 시간으로서는 한 사람에게는 아주 긴
것으로 다른 사람에게는 아주 짧은 것으로 나타난다. 따라서
내재적 시간은 이질적이며 동일하게 반복해서 체험될 수 없
다. 이렇게 훗설에게 객관적 시간과 내재적 시간이 구별되고,
구별된 내재적인 시간은 아우구스티누스와 맥락을 같이 하고

있다는 것을 부정할 수 없다. 현재·과거·미래가 현재 안에서 직관·기억·기대로 체험되는 것과 같이 훗설에게서도 내재적 시간의 세 계기가 인상(impression), 파지(retrention), 상지(protention)로서 체험된다. 그런데 그의 내적 시간의식의 현상학의 많은 부분에서 이 시간체험을 면밀히 분석하는데 기억·기대 등의 체험은 '재현으로서의 체험'이고, 현상학적 시간체험은 '현존으로서의 체험'이라고 한다.

## 나. 플로티노스 시간과의 상관성

오늘날 모든 사람들은 고백록 제 VII과 VIII권에서 나타나는 Platonicorum libri 란 표현이 플라톤의 대화록을 지칭할 수 없다는 데 동의한다. 그래서 아우구스티누스가 회심하기 전에 M. Victorinus의 라틴어 번역에 의해서 플로티노스의 엔네아데스 54개의 논문 중 몇 개의 글을 읽었다고 보아진다. 그러므로 고백록 제XI권의 일차적인 검토는 아우구스티누스의 영혼과 시간에 관한 전개가 플로티노스의 논문, 엔네아데스 제III, 7의 패턴을 충실히 따르고 있다고 제안할 수 있을 것이다. 따라서 O'Connell은 아우구스티누스의 시간설명이 플로티노스에 의해서 영향을 받았다고 한다. 먼저 아우구스티누스의 들어가는 말 즉 "만일 아무도 나에게 묻지 않는다면, 나는 시간이 무엇인지 알고 있습니다. 그러나 나에게 묻는 자가 있어 그에게 시간을 설명하려고 하면 나는 모릅니다" 라는 패러독스한 관찰이 플로티노스의 엔네아데스 제III권, 7, 1(4-9)과 유사성을 가진다. 또한 이 시간탐구의 시작만이 동일한 것이 아니라, 아우구스티누스가 고찰해 가고 있는 탐구의 단계가 플로티노스가 대답해 가는 단계와 지속적인 유사성을 가진다. 그래서 아우구스티누스는 영원에 관한 이미 제시된 몇 가지를 고찰한 후에 직접적으로 시간의 본질에 대해서 제공된 고전적인 다양한 견해들을 살핀다. 역시 플로티노스의 진행 절차도 마찬가지다. 이런 탐구의 결과, 시간은 영원 자체 속에 존재한다는 플로티노스 해결점에 이른다. 아우구스티누스는 이 해결점에 이르러 시간과 운동을 동일시하는 고전적인 견해를 거부하면서도, 시간은 운동과 관계된 어떤 것이라는 것을 깨닫게 된다. 즉 시간은 어떤 연장(distentio)의 종류라는 것이다. 그런데 이 시간연장은 바로 영혼의 연장(distentio animae)이라는 것인데, 그것은 플로티노스의 diastasis를 수용한 것이다. 그래서 O'Connell은 두 철학자에 의해서 주어진 시간의 정의들 사이의 유비를 주장하고 있는 것이다.

그러나 플로티노스와 아우구스티누스의 주장하는 내용이 동일하다는 것은 아니다. 플로티노스는 부분적으로 플라톤의 Timaeus 안에 그 기초를 두고, 시간을 영혼 안에 자리하게 한다. 또한 아우구스티누스도 영혼 안에 시간이 존재한다고 보고 있다. 하지만 플로티노스의 그것과는 전적으로 동일한 의미는 아니다. 플로티노스는 세계를 그리고 이 안에 있는 모든 것을 유출한 영혼의 보편적인 원리를 생각하고 있다. 다시 말하면 시간은 이 유출하는 영혼의 생산적인 삶이다. 이 영혼의 삶 안에서 우주와 우주의 모든 운동이 존재한다. 이런 의미에서 우주는 시간 안에 있다고 말해진다. 그러므로 그에 있어서 시간은 운동을 산출하는 힘이 되나, 그 척도는 아니다. 그가 시간이 개별적인 인간의 영혼 안에 존재한다고 언급할지라도 시간은 심리적 의미라기보다는 형이상학적 의미이다. 물론 아우구스티누스도 시간이 영혼의 생동하는 작용으로서 구성된다고 함으로써 플로티노스와 일치한다. 하지만 그에게 있어서 시간은 운동의 원인이라기보다는 척도이고, 그 영혼은 인간의 개별적인 영혼을 의미하므로 플로티노스와 다르다. 다시 말해서 플로티노스에게 있어서 영혼의 작용으로서 시간은 감각적 세계 속에서의 운동의 원인이다. 그러나 아우구스티누스에 있어서는 시간은 운동의 척도가 되는 것이다. 플로티노스는 또한 시간과 영혼의 관계를 설명하기 위해서 시간이 영혼의 삶의 연장이라고 말한다. 그런데 그는 영혼의 작용을 본질적으로 계승 또는 연장이 없는 것으로서 생각하나, 연장이라는 것을 영혼에 적용한다. 본질적으로 영혼이란 연장 없이 남아 있는 것이지만 자신의 총체적인 삶 속에서, 연장이 드러나는 우주에 대한 창조적인 양상을 가진다는 의미에서 적용한다. 그래서 그는 자신의 존재체계 안에서 영혼에 의해서 차지한 위치 때문에 연장되지 않는 연장이라고 한다. 영혼이 감각적인 우주 안에서 산출하는 운동과 관계 때문에 연장된 것이다. 이러한 영혼의 창조적인 작용이 바로 시간인 것이다. 하지만 아우구스티누스는 그의 심리적 관점에서 시간을 검토하는 그의 의향에 따라 개별적인 영혼의 견지에서부터 시간은 존재하게 된다. 이러한 입장에서 아우구스티누스는 시간이 인간의 영혼의 연장이라고 하고, 시간이 소유하고 있는 다양한 속성을 설명한다. 그러므로 아우구스티누스와 플로티노스는 그 연관성에도 불구하고 기본적인 차이점이 있다. 왜냐하면 후자는 측정의 어떤 가정과 독립한 형이상학적 존재의 시간을 추구하고 있고, 전자는 우리가 운동의 지속을 측정하는 시간을 내적으로 성찰하고 있기 때문이다.

J. F. Callahan에 의하면 아우구스티누스가 고백록 제XI권 23장에 이르러 새로운 방향을 모색하는 동안 시간이 운동과 관계되는 것임을 깨달아 심리적인 것에서 물리적인 것으로 바뀐다고 한다. 23장 이전까지는 아우구스티누스의 시간분석은 거의 운동과는 관계없는 심리적인 영역으로 다루어졌다. 그런데 이제 그는 일면으로 시간을 운동으로부터 구별하면서, 시간을 운동과 관계시킨다. 그래서 그는 시간을 연장(distentio)이라고 부른 것이다. 그 결과 기억·기대·직관은 단일한 연장의 세

가지 양상으로 숙고되는 것이다. 이러한 숙고 속에서 아우구스
티누스가 시간적인 것과 공간적인 것을 혼동하고 있지 않은가
물을 수 있다. 왜냐하면 시간의 연장을 서술하는데 채용된 메
타퍼가 확실히 공간적인 것으로부터 유래하기 때문이다.

　구체적으로 그는 시간의 공간(spatio temporis)나 간격
(intervalla) 등을 자주 사용한다. 그러나 아우구스티누스는
시간과 공간적인 것 사이의 언어적인 유비를 알고 있었고, 그
리고 두 것들 사이의 차이점을 알고 주의를 기울였음이 드러
난다.

# 제 Ⅳ 장
# 시간의 상승적 구조

　이 시점에 이르러 우리는 아우구스티누스의 시간론에서 하나의 커다란 난점을 지적할 수 있다. 그것은 아우구스티누스가 시간의 본질 즉 그 정의를 명확히 하지 않았다는 것이다. 그러나 우리는 이러한 소극적인 측면에 머무르지 않고 아우구스티누스가 고백록 제ⅩⅠ권의 마지막 부분인 29장에서 도달하고자 한 것은 시간이라기보다 오히려 '영원'이라는 적극적인 해석을 할 수 있다.

　그가 시간의 정의를 명확하게 하지 않았다고 할지라도 인간의 도덕적이고 영신적인 요소를 정초하는 시간에 관한 기념비적인 설명을 우리에게 가져다 준 것이다. 그래서 고백록 제ⅩⅠ권의 마지막에서 시간을 영원에게 관계시킨 것이다. 왜냐하면 아우구스티누스의 시간문제에 있어서 가장 중요한 것은 시간을 초월(depassement)하는 것이기 때문이다.

　그러므로 아우구스티누스의 시간분석의 목적은 명확하다. 그것은 '분산으로부터 해방'을 의미하는 '영원한 현재'에로의 절대적인 상승임이 틀림없다.

따라서 이곳에서 '참종교에 대해서(De vera religione)'의 유명한 구절을 참조할 수 있을 것이다. "외면이 아니라 너 자신에게로 들어가라, 인간의 내면에 진리가 거한다. 만약 네가 너의 본질이 변한다는 것을 발견한다면 너 자신 자체를 초월해라. 그러나 네가 너 자신을 초월한다면, 네가 사고하는 영원을 초월한다는 것을 잊지 말아라. 그래서 너를 빛의 원천을 향하여 가져가라(39,72)" 내면인간(homo interior)은 시간의 문제에 있어서 그 자체 안에 지체하는 것이 아니라, 그것은 변화하는 자신의 본질을 발견하고, 이것에 의해서 자신의 시간성을 발견한다.

그러나 그 내면성은 이것에 멈추지 않고, 자지 자신 자체의 초월 안에서, 한 단계에서 다른 단계로 옮아가면서, 시간성을 초월한다. 인간의 내면성이 단계들 사이의 상승의 위험을 무릅쓴다는 것이다.

## 1. 현재의 이중성

아우구스티누스는 시간의식의 분석에서 시간은 정신 자체의 연장의 종류로서 나타냈다. 이것은 시간이 금속의 뇌처럼 밖으로부터, 의식에게 덧붙여진 것이라는 것이 아니다. 더욱 그것은 측정되고 분리되는 물리적인 것이 아니고, 우리가 추상한 실체도 아니라는 것이다.

이 distentio animae는 정신의 추상적인 대상이 아니라, 자아의 경험의 대상이다. 그래서 이 연장(distentio)은 분산(distration)의 짐을 감수하게 된다. 다시 말해서 시간은 자아 자체의 연장이기 때문에 자아는 시간의 지향 안에서 분산된다는 점이다(Ecce distentio vita mea).[1] 그러나 아우구스티누스는 이런 분산(distration)으로부터 벗어나야 한다. 그는 고백록 제Ⅺ권의 결론에 해당하는 29장에서 다음과 같이 말한다.

"……과거를 잊어버리고 그리고 미래와 지나가는 것들이 아니라, 내가 분산되지 않고 긴장되는 앞에 있는 것을 향함으로, 이리하여 나는 분산이 아니라 집중의 노력 속에서, 천상으로 불려지는 승리를 향한 길을 따라가니, 거기서 찬미의 소리를 들을 것이요, 오지도 가지도 않는 당신의 즐거움을 모험할 것입니다. (praeterita oblitus, non in ea quae futura et transitura sunt, sed in ea quae ante sunt non distentus, sed extentus non secundum distentionem, sed secundum intentionem sequor ad palmam supernae vocationis, ubi audiam vocem laudis et contempler delectationem tuam nec venientem nec praetereuntem)…. 그러나 나는 시간 속에 산산이 부서져 있고, 당신 사랑의 불로 맑아져 녹은 몸이 당신과 하나가 되기까지 내 생각, 영혼의 깊은 속은 번거로운 일들로 하여 갈기갈기 찢기고 있습니다."[2]

---

1) Confessiones Ⅺ 29,39.
2) ibid.

　단적으로 시간은 의식의 기능으로서만 존재하고, 더 나아가서 의식에게 영신적인 단계를 성취하는 길을 허락한다는 것이다. 그러므로 우리는 아우구스티누스가 심리적인 경험에서 영신적인 경험으로 넘어가는 것을 알게 된다. 그는 이 두 경험을 혼동하고 있지 않다. 그래서 29장의 아우구스티누스의 종교적이고 도덕적인 경험은 그로 하여금 현재 속에 두 가지 운동을 구별하게 한다.

　그 하나는 이완(détente), 다른 하나는 긴장(tension)이다. 아우구스티누스는 이 운동들, 각각을 우리를 미래로 인도하는 미래의 기대(expectatio futuorum)와 우리를 영원으로 향하게 하는 최상에로의 집중(extentio ad superiora)이라고 부른다. 바로 이것을 우리는 현재의 이중성이라고 한다. 심리적인 현재 속에서 비록 그것들이 상호 교차하는 것이라 하더라도, 의식에 의해서 분리 가능한 두 가지의 내적인 운동들을 식별하는 것은 어렵지 않다. 하지만 시간의 집중이라는 구별된 영혼의 기능에 의해서 영원에로 우리가 고양되는 것이 어떻게 가능한가? 시간이 영신적인 성장을 허락하는 것이라면, 왜 영혼이 시간을 넘어서 영원에로 가지 못하는가? 아우구스티누스는 고백록 제XI권의 마지막 두 장을 시간은 창조주와 공영원(coeternal)한 것이 아니다라는 것을 명확히 밝히고 있다.

"어떠한 시간이라도 당신과 같이 영원할 수 없으며, 그 어떠한 피조물이 설령 시간을 초월한다손 치더라도 영원할 수 없다."3)

31장에서도 그는 정신적인 질서와 인간의 질서의 두 질서 사이의 구별을 재진술하고 있다. 그러므로 불변하는 영원의 양태에 대한 지식의 점유가능성이 인간에게 불가능하다는 것이다. 그럼에도 불구하고 다음 구절에서 현재가 신적인 현재와의 유사임을 제안하고 있다.

"어느 영혼이 과거와 미래 모두를 들여다볼 만큼 대단한 지식과 선견이 있다면 그것은 너무나 영특하고 소름끼치게 놀라운 영혼일 것입니다. 마치 내가 시를 노래하면서 초장부터 무엇이 얼마만큼 지나갔고, 종장까지 무엇이 얼마만큼 남았는지 환히 아는 것처럼 그도 역시 여러 세기들에 걸친 과거와 미래를 모조리 알고 있을 것입니다."4)

이러한 현재의 유비를 토대로 해서 아우구스티누스는 영혼의 삶의 기능인 현재의 집중에 의해서 영원한 현재에로 초월하고자 한다.

## 2. 현재와 영원한 현재

아우구스티누스에 있어서 시간의 분석은 영원의 명상에로 고양되는 계기이다. 이 영원은 끝없는 지속도, 시간적인 존재

---

3) Confessiones XI 30,40.
4) Confessiones XI 31,41.

의 무한한 연장도 아니다. 시간 밖의 존재이다. 그 영원은 대
상이나 본질의 영원이 아니고 '절대적인 존재' 의 영원이다.

　구체적으로 아우구스티누스의 현재는 앞에서 논한 바와 같
이 지향적인 현재로서, 그것의 이중구조에 의해서 탈시간화
(detemporalisation)의 계기이다. 달리 말해서 현재는 우리
에게 영원한 현재로서 파악된다는 것이다. 아우구스티누스의
삶 안에서 이러한 탈시간화의 행위 즉 영원한 현재에로의 상
승의 길을 보여주는 두 가지 사건이 있다. 그것은 386년에 일
어난 아우구스티누스의 결정적인 회심 과 Ostia근처의 경험
사건이다.

## 가. 아우구스티누스의 회심

　아우구스티누스는 회심의 순간에 현재의 탈시간화 즉 시간
위로의 상승 을 다음과 같이 기록한다.

　"나는 이같이 병들어 있었습니다. 전에 없이 매섭게 스스로를 꾸짖
으면서 괴로워하는 것이었습니다. 사슬이 아주 끊기기 전까지는 뒹
굴며 몸부림치는 것이었습니다. 물론 묶었대야 그리 대단한 것도 못
되었지만 어떻든 아직도 묶여 있는 것만은 사실이었습니다. 주여! 당
신께서는 나의 영혼 안에서 충동하시고 엄하신 자비로 두려움과 스스
러움의 채찍을 더하셨습니다. 행여 내가 또 물러나 가느다랗게 약간
남았을 뿐인 그것이 끊어지지 않은 채 다시 굳어져서 더욱 세차게 나
를 묶어 버릴까 저어한 까닭이었습니다. 사실 나는 속으로 이렇게 중

얼대는 것이었습니다. 자, 이제 끝내자꾸나, 이제 끝내자꾸나, 그리
고 말뿐 아니라 결심으로 옮겨지고 있는 것이었습니다. 하는 시늉은
벌써 하면서도 아직 하지는 않았습니다만 다시 어제 일에 떨어지는
법은 없고, 다만 그 언저리에 서서 숨을 돌리고 있는 것이었습니다.
거듭 나는 기를 썼습니다. 하마터면 바로 거기일 듯, 그리고 닿을 듯
잡을 듯하기도 하였습니다마는 내가 거기 있는 것도 닿거나 잡는 것
도 아니었습니다. 죽음에 죽기와 목숨에 살기를 망설였던 것입니다.
익히지 않은 선보다 버릇된 악이 오히려 내겐 더 세었던 것입니다.
그리하여 내가 다른 무엇이 되려는 그 시점(punctum ipsum
temporis)이 다가올수록 나는 더욱 겁에 질리게 되었습니다. 그렇다
고 뒷걸음질을 치거나 뜻을 바꾼다기보다 차라리 어름거리는 것이었
습니다."5)

　　이러한 시간에 대한 경험 속에서 인간은 시점(punctum
ipsum temporis)에 이르게 되는데 이 때에 인간은 자기 시
간에 의해서 '존재하는 바의 것'이 된다. 그런데 '회심'은 이러한
시점으로서의 순간을 가능케 한다.

　　이 순간 속에서 인간에게 주어지는 것은 시간 속에서 그 고
유한 '존재'와의 일치(convenientia)가 주어진다. 그래서 아
우구스티누스는 "모든 것을 그들의 장소뿐만 아니라, 그들의
시간과 일치하는 것을 깨달았다"6)라고 말하고 있다. 그래서
존재하는 그리고 자기를 시간적으로 드러내는 고유한 존재자
는 시간 속에서 있는 바 그것이 되는데 그것은 바로 저 순간

---

5) Confessiones VIII 11,25.
6) Confessiones VII 15,21.

(punctum ipsum temporis) 속에서 그 존재자가 자기 존재의 현존 안에서 자신을 탈시간화하기 때문이다. 자신을 현시하는 존재는 또한 이 순간 속에서 그 자체와 존재자의 일치를 확실시하고, 이 일치에 의해서 자신의 진리를 명확히 한다.

이러한 초월적인 주체성을 수단으로 한 시간의 경험은 카이로스(Kairos)로 변형된다. 이것은 크로노스(chronos)와 상반되는 개념으로 인간에게 유일하게 결정적인 시간이다. 그렇다면 누가 이 punctum ipsum temporis의 범위 내에서 이 카이로스 안으로 도달되는가? 이 대답은 우리에게 아우구스티누스가 Ostia 근처에서 경험한 존재의 경험에 의해서 주어진다.

## 나. Ostia의 엑스타시스

아우구스티누스는 387년에 Milano에서 세례를 받고 약 1년 정도 그곳에 머문 후 로마에 이르러 자기 어머니 Monica와 아들 Adeonatus와 더불어 아프리카의 타가스테(Thgaste)로의 출항을 Ostia에서 기다리는 동안 하나의 사건이 발생한다. 이것을 우리는 Ostia의 엑스타시스 또는 명상이라고 부른다.

그것은 Milano로 부터의 긴 여행과 Thagaste에로의 바다 여행 준비로 피곤한 아우구스티누스와 그 어머니가 Ostia의 어느 집에서 정원이 내려다보이는 창문 곁에 아무도 없이 조용하게 앉

아 나눈 마지막 대담으로 엮어지는 사건이다. 그들은 성인들의 영원한(aeterna) 생명이 어떤 것인가에 대해서 토론을 하고 있었는데 이 토론의 과정에서 영원에 다다랐다는 것을 체험한다.

"어머님이 세상을 하직할 날 -그 날을 우리는 알지 못하지만, 당신은 알고 계십니다. 그것은 비밀의 방법으로 당신이 배려해 주었다고 우리는 믿고 있습니다만-이 가까워 왔습니다. 어머님과 나는 단 둘이서 어떤 창가에 기대 서 있었습니다. 거기로부터 우리가 머물고 있는 집의 뜰이 보였습니다. 그 곳은 티베르강구의 오스티아였습니다. 거기에서 우리는, 긴 여로에 지친 뒤라, 사람들의 소음을 떠나 다음의 항해를 위하여 원기를 회복하고 있었습니다.

우리는 단 둘이서 즐겁게 이야기를 주고받았습니다. 과거의 일들을 잊고 미래의 일들에 열중하면서, 진리이신 당신의 어전에서, 당신은 누구이시며, 성자들이 미래에 받을 영원의 생명이란 어떤 것일까 하고 서로 물어보고 있었습니다. 그것은 눈으로 보지 못하고 귀로 듣지 못하며 사람의 마음에도 떠오르지 않는 것입니다. 그렇지만 우리는 당신께 있는 생명의 샘, 그 샘물의 천상의 흐름을 향하여 입을 힘껏 크게 벌리고 몇 방울만이라도 받아서 가냘프게나마 당신의 높으신 비밀을 생각해 보고자 했습니다.

그리하여 우리가 대화가 육체의 감각적인 쾌락은 제 아무리 크고 물체적 광채에 빛날지라도 저 '영원한(aeterna) 생명'의 기쁨에 대해 비교도 안될 뿐만 아니라 말로 이야기할 가치조차 없다는 결론에 이르렀을 때, 우리는 한결 열렬한 감정을 가지고 '존재 자체(idipsum)'를 향하여 올라가 단계적으로 모든 물체적인 것을 통과하고, 다시 거기로부터 해와 달과 별들이 지상으로 빛을 보내는 저 하늘까지도 지나쳤습니다.

우리는 당신의 성업을 마음속으로 생각하고 말하고 찬탄하면서 오르기만 하다가 우리 정신에 이르러서는 그것까지도 넘어서 당신께서 진리의 꼴로 항상 이스라엘을 먹이시는 저 다함 없이 풍요한 곳에까지 다다르고자 했습니다. 거기에서는 '생명은 지혜이며 (vita sapientia est)' 이미 '있었던 것'도 장차 '있을 것'도 모두 이 지혜에 의해서 생기지만, 지혜 그 자체는 생멸하는 일없이, 이미 있었던 바와 마찬가지로 지금도 있고 언제까지나 있을 것입니다. 아니 지혜에 있어서도 '있었다'도 '있을 것이다'도 없이 오로지 '있음'만이 있습니다. 왜냐하면 그것은 영원 (aeterna)이기 때문입니다. 이에 반하여 '있었다'나 '있을 것이다'는 영원은 아닙니다.

우리는 그 지혜에 관하여 이야기하고 지혜를 열망하는 동안에, 마음에 있는 힘을 다하여 (ictus) 가까스로 그 지혜에 부딪치게 (attingere) 되었습니다. 그리고 깊은 한숨을 내쉬고는 '정신의 첫 열매'를 거기에 남겨두고 (et suspiravimus, et reliquimus ibi religatas primitias spiritus), 시작과 끝이 있는 말로 시끄러운 인간의 입으로 되돌아왔습니다. 그러나 늙지 않으신 채 항상 스스로 계시면서 모든 것을 새롭게 해 주시는 우리 주의 말씀에 비긴다면 그게 무엇이겠습니까?"[7]

아우구스티누스와 그의 어머니는 물체적인 것에 대한 경탄으로부터 사고를 하게 된다. 그런 다음 그들의 사고가 내재화 (interius)됨으로써 그들 자신들의 정신(mentes)에 이르게 된다. 그리고 마지막에는 '지혜의 생명'에 도달한다. 다시 말해서 단계적으로 '지상적인 것'을 떠나서 '정신'에로 올라간다.

---

7) Confessiones IX 10,24.

그런 다음 이 정신 자체를 초월함으로써 사고의 명석함 속에 '영원한 진리'에 접목한다.

카이로스는 '지혜의 영원하고 황홀한 명석성이 드러나는 현재'로 변형된다. 그런데 이 지혜 앞에서는 시간이 존재하지 않고 창조주의 영원만이 존재한다.

지혜가 그의 기원(exordium)을 거기서부터 이끌어내는 창조주의 영원이다. 이 영원한 지혜는 바로 존재자의 조건이고 동시에 원리로서 형이상학적으로 우선적인 존재이다. 그러므로 형이상학으로 이해된 철학은 지혜의 사랑에 의해서만 존재자의 지식을 가능케 하는 것이다.

그런데 아우구스티누스의 신비적인 경험의 많은 부분에서 플로티노스의 영향이 드러난다. 특히 예를 들면, 플로티노스에 있어서도 물체적인 것의 미에 대한 감탄에 의해서 영혼(anima)의 단계를 통하여 불변하는 이성(ratiocinans potentia)에로 나아가기 때문이다. 그런데 J. Swetnam은 위 예문에 나타난 'idipsum'라는 개념을 해석하면서 아우구스티누스를 네오플라톤이즘에만 한정시킨다.

그러나 이 개념은 다분히 성서적이다. 그래서 아우구스티누스에 있어서 idipsum 은 신적인 존재의 신비를 나타내는 전형적인 표현이다. 모든 인간의 정신을 초월하는 신의 존재 즉 부동하고 영원한 존재의 신비로 해석된다. 그러나 영원은 '말씀'의 육화(incarnation)에 의해서 시간 속에 하강한다. 그래서 그리스도는 신적인 영원에 다다른 가능성을 우리에게 제공한다.

이러한 입장에서 우리는 'idipsum'이 'Ego sum qui sum'과 동일한 전문용어로서 영원한 존재 즉 신을 정의하는 형이상학적 의미를 가진다고 할 수 있다. 그래서 Portalie이후 예수회학자인 Henry와 Boyer는 아우구스티누스의 Ostia의 경험이 네오플라톤적인 용어를 사용하여 서술되고 있지만 참으로 신비적이고, 참으로 그리스도교적인 경험이라고 주장한다.

Ostia의 경험은 참으로 그리스도교적 의미에서 신비적 확신이다. 그래서 아우구스티누스도, 이 사건이 벌어진 뒤 12년 뒤에도 Hippone의 주교로서, 그의 정신에 결정적인 발전을 가져다 준 이 Ostia의 사건에 대해서 그 본질적인 것을 아무 고통 없이 기억하고 있다.

고대철학에 있어서 시간에 관한 논의는 하나의 지속적인 전통을 이룬다. 그런데 아우구스티누스는 아리스토텔레스의 운동–시간론을 비판하고 있는 플로티노스의 영혼–시간론에 깊은 영향을 받고 있으나, 시간 자체를 의식내재화 함으로써 고대철학에 대한 독창적인 시간론을 창출한다.

아리스토텔레스에서 비롯된 시간의 패러독스는 그 해결의

실마리를 찾는 역사가 오래 지속된다. 그런데 아우구스티누스는 그 패러독스에 대해 놀랄만한 새로운 해결점을 우리에게 제공한다. 그는 시간표상에 관한 아포리아를 보여줌에 있어서 아리스토텔레스를 따르고 있으나, 시간에 대한 일상적인 언어와 경험에 의해서 그 시간에 관한 패러독스의 분석을 더욱 명료화하면서, 시간을 의식의 차원으로 끌어올림으로써 그 실마리를 찾는다.

시간은 정신의 단일하고 동시적인 현재 안에 모두 존재할 수 있기 때문이다. 이 현재는 점과 운동체와 유비관계를 가지는 아리스토텔레스의 '지금'과는 달리 영혼의 현재 즉 '지켜봄(attentio)'이다. 이 현재의 '지켜봄'은 과거와 미래 즉 영혼의 기억과 기다림 사이의 한계이다. 그리고 이 지켜봄은 시간에게 연속성을 제공한다. 왜냐하면 기다림은 기억이 되기 위해서 지켜봄을 통해서 지나가야 하기 때문이다.

그러나 이 연속성은 아리스토텔레스의 시간에서와 같은 동일한 방법으로 양적으로 생각될 수 없다. 그러므로 아우구스티누스에 있어서 시간은 양적이 아닌 연속성을 소유하는 생동하는 정신의 작용이다. 그래서 그는 시간을 '영혼의 연장(distentio animae)'이라고 한다.

이 정의에 대한 플로티노스의 영향을 우리가 간과할 수 없으나 세계를 창조하는 보편적인 원리라는 형이상학적 의미를 가진 세계 영혼이 아니라, 개별적인 인간의 영혼의 연장이라는 것이 다르다. 다시 말해서 플로티노스에게 있어서 영혼의 작용으로서 시간은 감각적 세계 속에서의 운동의 원인이다. 그러나 아우구스티누스에 있어서는 시간은 운동의 척도가 되는 것이다.

이러한 아우구스티누스의 시간의식의 분석에 관한 비판적 관점을 간추린다면, 첫번째로 시간에 관한 그의 설명이 '주관적'이라고 하는 것이다. 그러나 시간이 인간의 의식 속에 세 가지 양태로 존재한다는 것은 인간의 의식이 시간의 존재근거라는 입장이 아니다. 왜냐하면 의식이 시간의 구조와 본질을 이해하고 해석할 수 있는 지평임을 의미하기 때문이다. 그래서 그는 신이 창조한 객관적 질서로서의 시간론을 그의 후기 작품인 '신국론(De civitate Dei)'에서 논한다.

두번째로 아우구스티누스가 시간의 본질에 대한 정확한 정의를 하지 않았다는 비판적 관점이다. 그러나 그가 시간의 정의에 대한 명확한 설명을 제시하지 않았다 하더라도, 시간을 영원과 관계시킴으로써 인간의 도덕적이고 영신적인 의미를 정초한다. 이것이 아우구스티누스의 시간분석의 적극적인 의미이다. 그의 시간은 영원의 명상(Contemplation)에로 고양되는 계기이다. 이 영원은 바로 무한한 지속이 아니라 시간에 상반되는 것으로 '절대적인 존재' 즉 신의 영원이다. 그렇다면 이 영원이 어떻게 자신을 나타내는가? 이것에 대해 영혼은 현재 작용 안에서 예견된 미래와 기억된 과거를 함축하는 의식의 지향성이 신이 어떻게 자신의 영원에 의해서 시간을 지배하는가를 이해할 수 있도록 도와줄 것처럼 보일 수 있다.

그러나 이렇게 파악된 영원은 무한차원의 의식일 뿐이지 참다운 영원이 아닐 것이다. 모든 것의 창조주가 모든 과거와 미래를 의식하는 것은 의식의 지향성과 같은 방법에 의해서가 아니다. 그의 인식은 최상이고, 신비적으로 기억과 기다림을 배격한다. 신은 변화도 아니고 계승도 아니다. 그는 그 자체로 영원하고 영원으로부터(ad aeterno) 자신을 파악한다.

따라서 아우구스티누스는 시간의식의 분석에 머무르지 않고, 고백록 제 Ⅺ권 결론에서 도달한 것은 분산으로부터 집중에 의한 '영원한 현재'에로의 상승이다. 그러므로 그에게 있어서 시간의 내면성은 지속하는 현재의 '집중'에 의해서 탈시간화로 가는 상승의 길이다. 이것이 바로 그가 목적한 바이다. 왜냐하면 그의 고백록은 죄의 고백의 차원을 떠나서 신 앞에서 자신을 발견해 가는 영혼의 역사이고 그 시간은 '영원에로의 초대'이기 때문이다.

E. Brehier가 자신의 저서 《현대 불란서 철학의 변형》에서 '신고전'(Nouveax classiques)라고 부르고 있는 아우구스티누스의 '고백록'과 '신국론'은 어떠한 의미와 가치를 가지

는가? 현대 독자들은 주체성의 분석만 강조한 나머지 아우구스티누스를 실존주의 문학의 선구자로서 간주하고, 역사철학의 현대적 체계의 선각자로서만 보려고 한다.

그러나 아우구스티누스는 실존주의자도 아니고 헤겔주의자도 아니다. 왜냐하면 그의 고백록은 오히려 '회심의 고백' 즉 신 앞에서 자신을 발견해 가는 영혼의 역사이고, 신국론은 자기 시대의 재앙에 대한 Hippone의 주교의 묵상이기 때문이다. 따라서 아우구스티누스의 시간성과 역사의 의미는 현대적 테마와는 다른 의미와 가치를 가진다. 왜냐하면 그 시간론은 아우구스티누스속에서 영원의 문제와 전적으로 분리되지 않기 때문이다.

Platon은 Timée 안에서 정신적인 모델의 이미지에 따라서 질료를 조직하는 데미우르고스를 논하고 있으나, 아우구스티누스의 관점에서는 불량하고 인정할 수 없는 개념이다. 창조 전에는 신과 공영원한 질료란 존재하지 않고, 신으로부터 독립한 영원한 질서 또한 존재하지 않는 것이다. 그러므로 신은 건축가나 제작자의 방법으로 하늘과 땅을 만들지 않았다. 그것들은 신의 말씀 속에서 행해진 것이다. 이 창조적 말씀은 소리의 조직과 공기의 운동을 전제하는 것이 아니라 초월적인 영원의 말씀이다. 신은 이 신적인 말씀 속에 포함된 영원한 이성에 따라서 모든 것을 산출한다. 이 영원한 원리는 신의밖에 존재하지 않는 것이다.

아우구스티누스는 말하기를 "존재하기를 시작하고 존재하기를 그치는 모든 것은 영원한 이성과 인식 안에서 그것의 시작과 끝을 위해 결정된 순간에 시작하고 그친다. 그런데 이 영원한 이성과 인식 안에는 아무 것도 시작하거나 그치는 것이 없다."라고 한다. 그러므로 계기적이고, 시간적인 사건의 인식은 신적인 말씀 속에 내포된 영원의 참 인식이고, 역시 이 사건들은 자신들의 시간 안에서 영원의 결정의 결과이다. 따라서 시간의 연속 안에서 발생하게되는 모든 것은 비 시간적이고 영원한 의지의 결과이다.

그러므로 아우구스티누스에 있어서 시간의 분석은 영원의 명상에로 고양되는 계기인 것이다. 이 영원은 끝없는 지속도, 시간적인 존재의 무한한 연장도 아니다. 즉 시간 밖의 존재이다. 하지만 이런 존재는 파악하기가 어려운 것이다. 왜냐하면 우리가 영원이 아니고, 그 영원은 대상이나 본질의 영원이 아니라 절대적인 존재의 영원이기 때문이다.

그러나 아우구스티누스는 시간에 대한 반성에 의해서 우리를 영원의 명상에로 인도하기를 원한다. 이러한 의도 때문에 R. Jordan 교수는 아우구스티누스의 시간의 본질에 명확한 분석에 이르지 않았고 오히려 고백록 29장에서 그가 도달한 것은 시간이라기보다는 영원이라고 지적하고 있다. 그가 시간에 관해 중요한 것은 시간을 초월하는 것이기 때문이다.

시간을 운동의 척도로서 환원하는 것은 시간을 우연적인 속성으로 한정하는 것으로 인간의 영혼의 삶과 운명에 대한 시간의 영신적인 의미를 결여하고 있다. 하지만 아우구스티누스에게 있어서 시간은 영원에로의 참여를 위한 초대이다.

현대의 누군가가 아우구스티누스 연구에 있어서 시간성과 역사의 의미에 관한 고찰에만 자신을 붙들어 맨다면 그의 사고를 훼손하는 것일 것이다. 이런 입장에서 우리는 신학적인 상승이 없는 철학은 불완전하고, 철학적인 방법이 결여된 신학은 진화론자의 몽상이나, 과학적인 허구 속에로 와해되어 버릴 것이다라고 말할 수 있다. 아우구스티누스는 고대철학의 방법들을 그리스도교 신학의 체계에 접목함으로써 가히 서양의 스승이라고 일컬어질 만하다.

# 참고문헌

## 1. 고대 텍스트

Aristote. *La Metaphysique*, introduction, notes et index
    par J. Tricot. Paris: J. Vrin, 1986.

Aristote. *Physique*, texte établi et traduit par H. Carteron.
    Paris : Les Belles Lettres 1983/86.

Aristotle *Physic*. A revised text with Introduction and
    Commentary by sir Ross. Oxford : Clarendon,
    1936.

Platon. *Timée*. texte établi et traduit par A. Rivaud. Paris
    : Les Belles Lettres, 1985.

Plotini Opera. Editio minor, 3vol., P. Henry and H. R.
    Schwyzer, Oxford, 1964-73.

Plotin. *Ennéades*. texte établi et traduit par E. Brehier.
    Paris : Les Belles Lettres, 1989.

Plotinus. *Ennéades I-IV*. texte et traduction anglaise par
    A-H Armstrong. Londre: Heinemann, 1966 - 1988.

Augustin. *Confessiones*. texte établi et traduit par P. de
    Labriolle. 2 vols. Paris: Les Belles Lettres, 1925/26.

Augustin. *Les Confessions de saint Augustin*. ed. A.
    Solignac(Bibliothèque Augustinienne vol. 13-14)
    Paris : Desclee de Brouwer, 1962.

## 2. 현대 연구서적

Armstrong, A. H. *"eternity, life and mouvement in Plotinus accounts of Noys,"* 67-74. in Plotinian and Christian studies, London, 1979.

Aubenque, P. *"Plotin philosophie de la temporalité."* Diotima,4(1976) : 78-86.

Berlinger, R. "Le temps et l'homme chez saint Augustin." l'année theologique augustinienne, 13(1953) : 260-279.

Barreau, H. *"L'instant et le temps selon Aristote."* Revue philosophique de Louvain, 66(1968) : 213-238.

Beierwaltes, W. Plotin : *Uber Ewigkeit und Zeit, Frankfurt am Main,* 1967.

Bergson, H. *Essai sur les données immediates de la conscience.* Paris , 1970.

Boyer, C. *"La contemplation d'Ostie."* Les cahiers de la nouvelle Journée, 17(1930): 137-161.

Callahan, J. F. *Augustine and the Greek philosophy. Villanova* : University Press, 1967.

Callahan, J. F. *Four views of time in ancient Philosophy. Cambridge* : Havard University Press. 1948.

Callahan, J. F. *"Basil of Caesarea: A new source for st. Augustin's theory of time."* Havard studies in classical philosophy, 63(1958): 437-454.

Careron, H. *"Remarques sur la notion du temps d'après Aristote."* Revue philosophique, 1924 : pp.68-81.

Choust, H. *"The Meaning of Time in the ancient World."*

The new scholasticism,21(1947):1-70.

Conen, P. F. *Die Zeittheorie des Aristoteles,* Munchen, 1964.

Cushmann, R. E. *"Greek and Christian views of Time."* The Journal of Religion,33(1953):254-265.

Chaix-Rux, J. *"Le cité de Dieu et la structure du temps chez saint Augustin."* Augustinus Magister,2(1954): 923-931.

Chaix-Rux, J. *"Le perception du temps chez Augustin."* Les cahiers de la nouvelle Journée,17(1930): 75-93.

Clark, G. H. *"The Theory of Time in Plotinus."* The philosophical Review,13(1944): 337-358.

Cooper, J. C. *"Why did Augustine write books? XI-XⅢ of the Confessions?"* Augustinian studies, 2(1971): 37-46.

Coyle, J.K. *"In praise of Monica* : A note on the Ostia experience of Confessions."* Augustinian Studies,13(1982) : 87-96.

Crayer, F. *"Le sens et l'unité des Confessions de saint Augustin."* L'année theologique augustinienne,13(1953) : 13-32.

De Tollenaere, M. *"Aristotle's definition of time."* International philosophical Quartely,1(1961) : 453-467.

Dubois, J. M. *Le temps et l'instant selon Aristote.* Paris: Desclée de Brouwer, 1967.

Eigler, G. *Metaphysische Voraussetzungen in Husserls Zeitanalysen,* Meisenheim : verlag, 1961.

Festugière, A. J. *Etude de philosophie Grecque,* Paris : J.

Vrin, 1934.

Frankel, H. *Wege und Formen fruhgriechischen Denkens,* Munich, 1970.

Guitton, J. *Le temps et l'éternité chez Plotin et St.* Augustin. Paris : Auber, 1955.

Gillet, R. "*Temps et exemplarisme chez saint Augustin.*" Augustinus Magister 2(1954): 933-941.

Gilson, E. *Introduction à l'étude de saint Augustin,* Paris 1969.

Goldschmidt, V. *Temps physique et temps tragique chez Aristote.* Paris: J. Vrin, 1982.

Henry, P. *Plotin et l'occident.* Louvain: Spicilegium sacrum lovaniense, 1934.

Husserl, E. *Vorlesungen zur Phanomenology des inneren Zeitbewβtseins.* Herausgeben von Matin Heidegger. Tubingen, 1980.

Jess, W. G. von. "*Augustine : A Consistent and Unitary theory of Time.*" New Schlasticism, 46(1972) : 337-351.

Jordan, R. "*Time and Contingency in S. Augustine.*" The reviews of Metaphysiques,8(1954-1955): 394-417.

Mcevoy, J. "*St. Augustine of Time and Wittgenstein's criticism.*" Review of Metaphysique, 38(1984): 547-577.

Moreau, J. "*Le temps selon Aristote.*" Revue de philosophie de Louvain, 46(1948) : 59-60

Moreau, J. *L'espace et le temps selon Aristote,* Padova, 1965.

Moreau, J. "*Le temps et la creation selon saint Augustin.*" Gionale di Metafiscica, 20(1965) : 276-290.

Moreau, J. *Plotin*. Paris : J. Vrin, 1970.

Morrison, J. L. "*Augustine's two theories of Time*." New Scholasticism,45(1971) : 600-610.

Nash, R. H. *The light of the mind*, Kentucky, 1969.

Mourelatos, A. *The route of Parmenides*, New Haven Connecticut, 1970.

O'Brien, D. *Temps et éternite dans la philosophie grecque*, en P. Ricoeur et D. Tiffeneau, Mythes et representations du temps, Paris, 1970.

O'Brien, D. *Temps et intemporalite chez Parmenides*, EP(1980) : 257-72.

O'Meara,J. J. *La Jeunesse de saint Augustin*. Fribourg : Saint Paul, 1998.

Owen, G. E. L. "*Plato and Parmenides on the timeless present*." Monit,50(1966): 317-40.

Portalie, E. "Augustin" Dictionnaire de theologie catholigue. Paris. 1903.

Rau. C. "*Theories of Time in Ancient Philosophy*." The philosophical Review, 63(1953): 514-525.

Quin, J. "*The concept of Time in St. Augustine*." Augustinianum,5(1965) : 1-55.

Schofield, M. "*Did Parmenides discover eternity*." AGP, 52(1970) : 113-35.

Sorabji, R. *Time,creation and continuum*, London,1983.

Swetnam, J. "*A note on in idipsum in S. Augustine*." The modern Schoolman,30(1953) : 328-331.

Taran, L. *Parmenides*, Princeton, 1965.

Weiss, H. "*An interpretative note on a passage in Plotin's*

*On Eternity and Time.* CP.36(1941): 230-239.

Whittaker, J. *"God. Time. Being."* Symbolae Osloenses, supp vol. 23.

Whittaker, J. *"The eternity of the Platonic Forms."* Phronesis, 13(1968): 131-44.

김규영  시간론, 서울 : 서강대학출판사, 1987.

박전규 〝카이로스에 관하여〟 희랍철학연구, 서울 : 종로서적, 1988.

신귀현 〝시간체험의 현상학적 분석〟 신태식회갑 논문집, 대구: 계명대학교출판부, 1979.

선한용  시간과 영원 서울: 성광문화사, 1986.

박선자 〝아리스토텔레스와 뿔끌로델을 중심으로 하여 탐구한 시간개념의 의미〟 철학 제 26집

## □ 저자약력

- 김태규
- 한국성서대학교에 철학교수로 재직하고 있고
- 저서는 《철학의 이해》가 있고, 논문으로는 '아우구스티누스의 인식론', '아우구스티누스의 시간론', 'Aristoteles와 Augustinus에 있어서 시간이론', '시간의 현재적 성격에 관한 연구', '성아우구스티누스에 따른 시간과 영원', 'Aristoteles에 있어서의 시간과 지금', '플로티노스에 있어서 영원의 비시간성', '아우구스티누스에 있어서 사회본질', '아우구스티누스의 행복론', '플로티노스에 있어서 정신의 구조' 등이 있다. 지금은 플로티노스의 시간문제에 관한 연구와 저서 집필중이다.

## 고대철학의 시간이론

2002년 1월 20일 1판 1쇄 인쇄
2002년 1월 25일 1판 1쇄 발행
저　　자
김　태　규
발　행　자
심　혁　창
발행처　**도서출판 한글**
서울특별시 마포구 아현동 371-1
☎ 363-0301 / 362-8635
FAX 362-8635
본사홈페이지 www.han-geul.co.kr
E-mail : simsazang@hanmail.net
등록 1980. 2. 20 제10-33

▲ 파본은 교환해 드립니다

정가 9,000원

ISBN 89-7073-023-x-93120